오늘을 남기다

오늘을 남기다

오늘을 남기다

오늘을 남기다

영원 앞의 하루를 위한 영성 레슨

정승환 지음

정승환 지음
정승환 지음

홍성사

프롤로그

하나님께서는 한 사람의 삶을 어떠한 방법으로 인도하실까? 나는 늘 이러한 부분이 궁금했다. 시간이 지남에 따라 몇 가지 사실을 깨닫게 되었다.

하나님은 사건을 통해 일하신다.

바울은 그리스도인들을 잡으러 가는 중에 부활의 주님을 만나는 사건을 경험함으로써 삶이 전환되었다. 모세는 이스라엘 백성을 도우려다 실패한 사건, 광야에서 하나님의 음성을 들었던 사건, 출애굽 사건 등을 통해 삶이 전환되었다. 성경에는 저마다의 사건을 통해 삶이 전환된 많은 사람의 이야기가 기록되어 있다.

나의 삶도 마찬가지였다. 세 번의 사건이 나의 가치관과 삶의 방향을 전환시켰다. 하나는 고등학교 때 살아 계신 하나님을 경험하게 된 사건이었다. 또 하나는 현재 섬기고 있는 교회에 부임하게 된 사건이었다. 마지막 하나는 이 책을 통해 나누게 될 사건, 사랑했던 사람과 이 땅에서의 이별을 맞은 사건이다.

이처럼 사건은 사람의 주의를 환기시킨다. 안일한 삶에 경종을 울려 다음 길로 나아가도록 인도한다.

하나님은 사건을 해석하게 하신다.

사건은 해석되지 않으면 삶에 큰 의미를 남기지 못한다. 이 사건이 내 삶에 남기는 의미를 깨달을 때, 삶은 전환된다. 한 가지 사건에 대해 우리는 다양한 방법을 통해 해석할 수 있다. 그러할 때 그 사건이 지닌 다양한 의미를 마주할 수 있다.

성도는 삶에 다가오는 사건을 성경 말씀에 비추어 보면서, 이 사건이 내게 남기는 의미를 묵상해야 한다. 그래야 비로소 성경 말씀이 문자를 넘어 삶에 성육신하기 시작한다. 또한 별다른 의미 없이 지나갈 수도 있었던 사건이 하나님께서 내게 말씀하시는 뜻깊은 '사건'이 된다. 이는 성령님의 일하심이다.

나는 이 책을 통해 내 삶의 방향을 전환시킨 한 가지 사건을 소개하려 한다. 더불어 그 사건을 성경을 통해 바라보고 해석하는 과정을 통해 깨닫게 된 것을 나누려고 한다. 이는 하나님께서 내 삶에 말씀하신 부분이었다. 더불어 이 메시지를 많은 이와 공유하기를 원하셨다고 믿는다.

나의 삶 가운데 개입하셔서 사건을 통해 깨달음을 주시고, 삶의 방향을 전환시키시고, 이를 하나님의 사람들과 함께 나누게 하심은 성령께서 주도하시는 역사였다.

이 사건을 통해 나는 '영원 앞에 가치 있는 삶'이란 무엇인지 고민하게 되었다. 내게 주어진 하루를 어떻게 감당해야 영원의 관점에서 하나님의 부르심에 합당하게 응답하는 것인지 고민하고 기도하며 답을 찾아갔다.

이 책을 통해 영적 유익을 얻기 원하시는 분들은 영적 순례의 길을 떠나는 마음으로 한 레슨씩 읽어 가면서 숙고의 시간을 가지면 좋겠다. 때로는 사랑하는 사람들과 함께 영원 앞의 오늘을 어떻게 살아갈 것인지 나누고, 서로를 위해 기도하는 시간을 가져도 좋겠다. 더불어 이 글을 토대로 하나님 앞에 더 나은 삶을 꿈꾸며 영원 앞의 오늘을 살아갈 분들이 더욱 많이 세워지기를 소망한다.

나의 삶 속에 일어난 사건과 이를 풀어 가는 과정 가운데 인도하셨던 하나님의 은혜가 이 책을 읽고 묵상하는 모든 이에게 함께하길 기도드리며….

1장

ABOUT LAST DAY OF LIFE

생의 마지막 날

사랑하는 사람과의 영원한 이별 앞에서

참된 삶에 대한 깊이 있는 고민들이
그때부터 시작되었다.

사랑하는 사람과의 이별은 늘 우리에게 커다란 영향을 미친다. 가슴을 가득 채우고 있던 한 존재가 떨어져 나갔기 때문이다. 대부분의 사람은 그 빈 부분을 어떻게든 메우려 한다. 누군가는 쾌락으로, 누군가는 또 다른 관계로, 누군가는 일로 메우려 한다. 무엇으로 이를 메우느냐에 따라 그 사람의 삶이 바뀐다.

하나님은 때때로 우리에게 가슴 아픈 사건을 허락하심으로 삶에 대해 숙고하게 하신다. 나는 사랑하는 사람과의 이별 앞에서 깊은 묵상으로 그 시간을 채웠다. 하나님은 '이별'을 통해 내게 묵직한 깨달음을 안겨 주셨다.

2014년 봄, 나는 사랑하는 사람과 영원한 이별을 했다. 이별의 대상은 할머니였다. 나는 할머니의 지극한 사랑의 섬김 속에 자랐다. 어릴 때부터 나의 아버지, 어머니는 직장 생활을 하셨다. 어린이집이 드물었던 시절이라 나는 할머니께 맡겨져 그분의 품에서 많은 시간을 보내며 성장했다. 돌아보면 내 인생의 추억 속에는 늘 할머니가 함께 자리했다. 우리는 분리될 수 없는 관계였다. 그러니 할머니와의 이별이 나에게는 결코 쉽지 않은 일이었다.

나의 모든 일상의 풍경 속에 자리 잡은 분, 할머니⋯. 내가 가는 곳에는 항상 할머니가 함께 계셨다. 혹여 내가 잘못될까 봐 유치원, 놀이터, 학교 등에서 늘 내 곁을 지켜 주셨다. 뛰어놀기 좋아하는 남자아이라 고생도 많이 하셨다.

내가 청소년이 된 후로 나를 향한 할머니의 사랑은 늘 동일한 당부의 말씀으로 표현되었다.

"밥은 꼭 먹고 다녀라."

할머니는 늘 '밥'을 강조하셨다. 고기를 먹고 나서도, 밖에서 밥을 먹고 왔음에도, 라면으로 이미 끼니를 때웠음에도, 밥은 꼭 챙겨 먹어야 한다고 하셨다. 사람은 밥을 먹어야 끼니를 챙긴 것이라고 하시며 항상 나의 밥상을 손수 차려 주셨다. 내가 결혼한 후에도 할머니는 가끔 전화를 걸어 물어보셨다.

"밥은 잘 챙겨 먹고 다니니?"

어릴 때 나는 그저 할머니가 밥을 중요시하기 때문이라고만 생각했다. 그런데 시간이 흘러 돌아보니 밥은 할머니만의 특별한 사랑 표현법이었다. 밥을 잘 챙겨 먹고 다니라는 말을 해석하면, '잘 지내니? 부디 건강하게 잘 지내야 한다'는 의미였다. 그렇게 그 말을 자주 들어 왔음에도 진정한 의미를 정확히 이해하기 시작한 것은 얼마 되지 않았다.

할머니는 늘 나에 대해 걱정이 많으셨다. 어릴 때는 그저 할머니가 걱정을 사서 하신다고 생각했다. 그러나 훗날 돌아보니 그 모든 걱정은 관심과 사랑의 표현이었다. 나의 모든 일상에 대한 관심과 사랑을 걱정이라는 통로로 표현하신 것이다.

그렇다. 뒤돌아보면 모든 일상의 순간마다 할머니가 계셨다. 어릴 때는 그 헌신과 섬김의 가치를 잘 몰랐다. 시간이 한참 흐른 뒤 결혼을 하고 아이를 기르면서, 한 사람의 일상을 향한 헌신이 얼마나 크고 중요한 것인지를 몸소 체험하며 깨닫게 되었다.

청년이 되어 할머니의 섬김의 가치를 실감하게 되면서부터 나는 '할머니의 막내아들이다'라는 생각을 품고 살았다. 주변의 할머니들은 아무리 잘 키워 줘도 손자는 결국 부모에게 간다는 이야기를 하신다. 그러나 내게 할머니는 늘 부모나 다름없었다.

대학원 졸업논문에 수록한 감사의 말에도 '할머니는 하나님이 나에게 보내 주신 천사'라는 글을 남겼다. 할머니가 이 문장을 보시고 오래도록 기뻐하셨다는 이야기를 한참 후에 전해 들었다. 그것은 단지 할머니를 기쁘게 해드리기 위한 상투적인 고백이 아니었다. 말 그대로 나는 할머니를 하나님이 보내신 천사라고 믿고 있었다.

나의 모든 일상 가운데 함께 계셨던 할머니는 2014년 봄, 나의 일

상에서 떠나가셨다. 지나온 사람들의 삶의 역사가 동일하게 말해 주
듯, 행복한 관계에도 이별은 찾아왔다.

할머니의 건강은 2013년 겨울부터 급격히 악화되었고, 2014년 어
느 화창한 봄날, 마침내 주님의 품으로 가셨다. 이별은 매우 슬픈 일이
었지만, 몇 가지 감사 제목을 떠올리며 위로를 받았다.

먼저는 이 땅에서 천수를 누리고 가셨다는 점이다. 그리고 세상
을 떠나기 전까지 병환으로 고생한 기간이 비교적 길지 않았다. 또 하
나, 돌아가시기 전에 만나야 할 주변 사람들을 충분히 만나며 삶을 갈
무리하는 시간을 보내셨다. 가장 큰 감사 제목은 할머니가 생전에 예
수님을 구주로 믿고 따르셨다는 점이다. 이러한 몇몇 가지 이유로 주변
사람들은 할머니의 장례를 호상으로 분류했다.

이번 장례를 통해 내가 알게 된 사실이 하나 있다. 엄밀히 따지면
고인의 가족에게 호상은 없다. 이별은 다 아프고 슬프다. 할머니가 이
곳보다 더 좋은 곳에 가셨다고 해서 이별이 슬프지 않은 것은 아니다.
사랑하는 사람과의 이별은 늘 슬프다. 더는 얼굴을 마주할 수 없다는
사실, 더 이야기 나눌 수 없다는 사실에 대한 상실감이 따른다. 사랑하
는 가족이 외국으로 파견 근무를 나가거나 유학을 갈 때 왜 우는가?
환경이 더 열악한 곳으로 가기 때문인가? 아니다. 가는 곳의 문제 때문
이 아니라 이별의 슬픔 때문이다.

이처럼 나는 헤어짐의 슬픔을 ‘하늘 소망’으로 위로받았다. 하늘
소망으로 땅의 슬픔을 덮었다. 그렇지 않았더라면, 꽤 오랜 시간을 힘
겨워했을 것이다.

장례가 끝나고 나니 그리움이 더 깊어져 갔다. 뜬금없이 할머니와의 추억이 떠올라 불쑥 눈물이 나기도 했다. 아이와 놀다가도 문득 가슴 한구석에 빈 공간이 느껴졌다. 내 아이가 성장하는 모습을 보며, 자기 일처럼 기뻐해 줄 수 있는 사람이 없어졌다는 사실을 깨달았기 때문이다. 갑자기 내 딸이 "할미할미"(딸이 증조할머니를 부르는 말) 하며 나의 할머니를 찾을 때면, 가슴에서 무언가가 뜨겁게 치밀어 오르곤 했다. 사실 지금도 추억을 생각하면 눈물이 고이기는 마찬가지다.

가족들(삼촌과 이모)은 할머니의 장례 예배를 다른 사람에게 맡기는 것보다 내가 직접 인도하는 것이 좋겠다고 의견을 모아 주었다. 내가 할머니와의 작별 의식을 그 누구보다 가장 아끼는 마음으로 섬길 수 있으리라고 믿었기 때문이다. 나 역시 그렇게 믿었기에 덜컥 수락해 버렸다. 그때는 몰랐다. 사랑하는 사람의 마지막 길을 인도하는 것은 영광이기도 하지만, 결코 쉽지 않은 일임을 말이다. 나는 눈물을 참아 내며 예배를 인도했고, 모든 순서를 마친 후 홀로 눈물을 흘렸다.

나에게 장례식은 생소하지 않았다. 젊은 목사 치고는 장례식을 많이 경험한 편이었다. 이미 전도사 시절에 교회 사정으로 인해 장례 예배를 처음부터 마지막까지 주관하며 인도한 적이 있었다. 그러나 할머니의 장례식은 생소했다. 장례식 자체는 생소하지 않았지만, 그 대상이 할머니라는 사실이 낯설었다. 사랑하는 사람을 떠나보내는 장례식이었기 때문이다.

나의 모든 일상 속에 함께 계시던 분이었기에 장례 절차가 진행되는 동안에도 마음 한구석이 텅 비어 있었다. 어느 유행가의 가사처럼 가슴에 총을 맞은 것 같았다.

하나님은 이 일을 내 인생의 '터닝 포인트'로 삼으셨다. 사랑하는 사람과의 이별은 내 인생을 흔들어 놓기에 충분했다. 그동안 내가 지켜 온 삶의 가치들을 점검하고 분별하는 계기가 되었다. 하나님은 이 과정을 통해 앞으로의 나의 삶을 인도할 질문들을 안겨 주셨다. 그리고 나는 인생의 질문들을 붙잡고 깊은 묵상에 빠져들었다. 참된 삶에 대한 깊이 있는 고민들이 그때부터 시작되었다.

이와 같이 하나님은 한 사람의 인생을 빚으실 때 터닝 포인트를 사용하신다. 2014년 봄은 하나님께서 나의 삶에 터닝 포인트를 주신 때였다.

터닝 포인트! 인생의 전환점을 만났는가? 현재 바른 가치를 품고 살고 있다면, 괜찮다. 그러나 많은 사람이 삶의 중요한 가치들을 잊고 사는 경우가 많다. 현실의 치열함과 분주함 가운데 진정 중요한 것이 무엇인지 성찰하지 못한다. 그러한 때에 하나님은 인생에 터닝 포인트가 될 만한 일들을 허락하신다. 이때 우리는 자발적이든 강제적이든 인생의 터닝 포인트를 마주하게 된다.

하나님께서 터닝 포인트를 주실 때, 우리의 삶은 전환된다. 더 깊은 성숙의 길로 늘어서게 된다. 터닝 포인트가 될 만한 일은 큰 사건일 수도 있고, 작은 사건일 수도 있다. 하지만 일반적으로 큰 사건인 경우가 많다. 사람은 삶을 뒤흔드는 사건이 아니면 좀처럼 변화하려 하지 않기 때문이다. 충격적인 일이 삶을 변화시킨다. 충격은 아픔을 수반하지만, 그 열매는 귀하다.

- 인생에 터닝 포인트가 될 만한 사건이 있었나요?

- 내 삶에 일어나는 일들 속에서 하나님의 의도를 살펴본 적이 있었나요?

- 지난 1년 동안 내 삶에 일어난 일들 중 세 가지를 떠올려 보고, 그 일들을 통해 하나님

  께서 나를 어떻게 인도하려 하셨는지 생각해 봅시다.

너는 흙이니 흙으로 돌아갈 것이니라

그 누구도, 그 무엇도 가지고 갈 수 없다.
다 내려놓고 가야만 한다.

'무엇이 남는가?' 우리가 이 땅에서 삶을 다 마치고 나면, 무엇을 남겨서 주 앞에 가지고 갈 수 있는가?

이러한 질문을 진지하게 던져 본 적이 있는가? 분주한 일상 가운데 이러한 질문을 스스로에게 던질 기회가 별로 없다. 나도 마찬가지였다. 주어진 상황에서 주어진 일을 감당할 뿐이지 진지하게 삶을 성찰할 여유가 없었다.

그러나 할머니의 마지막 모습을 곁에서 지켜보면서, 나는 이와 같은 질문을 던질 수밖에 없었다.

'무엇이 남는가?'

솔로몬도 인생에 동일한 질문을 던졌다.

'무엇이 남을까?'

이 질문에 대한 솔로몬의 묵상 결과는 다음과 같았다.

전도자가 이르되 헛되고 헛되고 헛되고 헛되니 모든 것이 헛되도다

(잠 1:2).

전도서는 '허무'로 가득 차 있는 성경이다. 참된 것을 밝히기 위해 헛된 것을 먼저 드러낸다. 신학생 시절 성경을 통독할 때 전도서 말씀이 나에게 굉장히 강렬하게 다가왔다. 강력한 허무가 전도서 전반을 가득 채우고 있었기 때문이다. 전도서는 진정한 가치를 드러내기 위해 세상의 허무한 것들을 속속들이 드러냈다. 땅속에 묻힌 보석을 발견하기 위해 그 위에 덮인 흙을 다 파내듯 말이다.

당시 이 말씀을 묵상하며 삶에는 헛되고 허무한 부분이 허다함을 깨닫게 되었다. 그 사실을 미처 생각하지 못하고 산다면, 허무한 일에 사로잡혀서 인생을 낭비할 수 있겠다는 생각을 했다. 모르는 내용을 새롭게 알게 된 것은 아니었다. 그러나 삶에서 이 허무를 의식하며 살지는 못했다. 이를 의식하지 않으면 허무에 사로잡힌 채 인생을 살게 된다. 세상의 많은 사람이 그렇게 살아왔고, 살고 있으며, 앞으로도 그렇게 살아갈 것이다. 성도라는 이름을 가지고 있어도 이를 의식하지 못한다면, 이것과 동일한 삶의 궤적을 그리고 말 것이다.

목회자로 살고 있는 나도 이로부터 자유롭지 못했다. 마음을 다스리지 않으면, 매 순간 의식하지 않으면, 세상의 허무한 것들을 향해 시선이 돌아가곤 했다. 마음 밭을 수시로 관리해 주지 않으면, 세상 영광을 갈망하는 잡초들이 수북하게 자라나 있음을 보게 되었다. '목회자'란 이름만 달았을 뿐이었다. 그 직분은 나를 구원해 주지 않는다. 나는 소유에 대한 욕심, 인정에 대한 갈망, 세상의 영광을 추구하는 마음으로부터 자유로운 존재가 아니다. 그렇기에 늘 세상의 허무에 대해 묵상해야만 했다. 그래야 진정한 가치를 향해 살아갈 수 있었다.

성경 말씀을 통해 허무에 대해 지속적으로 묵상했음에도 꺾이지 않는 욕망들이 있었다. 그러나 할머니와의 이별 과정 통해 마주하게 된 장면들을 떠올리며 묵상할 때마다 세상을 향한 거센 욕망들이 한풀 꺾였다. 그 장면들 속에서 세상의 허무를 실제적으로 마주할 수 있었기 때문이다. 그 장면들을 통해 지식적인 깨달음을 넘어 체험적인 깨달음을 내 마음에 새길 수 있었다.

유혹 많은 세상에서 영원을 바라보려는 내적 싸움은 평생을 지속해야 할 투쟁이다. 당시의 장면들은 내가 흔들리려 할 때마다 나를 다시 바로 세우는 지지대가 될 것이다.

내가 떠올린 장면은 할머니가 병상에 계실 때의 모습이다.

할머니가 병상에 계실 때, 가족들과 친인척들이 방문을 했다. 그들을 마주할 때 할머니는 웃기도 하시고, 손도 잡으시고, 해주고 싶은 이야기도 하셨다. 나도 가족과 함께 할머니를 뵈러 병원에 갔다.

당시 나는 결혼을 한 후, 딸 한 명을 키우고 있었다. 아이는 할머니의 첫 증손녀였다. 낯을 가리고 새침했던 탓에 처음에는 할머니에게 잘 다가가지 않고 울기도 했다. 그러나 점점 자라면서 할머니에게 재롱도 피우고 웃기도 잘했다. 아이는 할머니에게 큰 기쁨이었다. 할머니로서는 자신의 손으로 키운 손자가 낳은 딸이니 얼마나 신기하고 사랑스러웠겠는가.

사실 내가 결혼하기 전에 할머니의 건강이 많이 안 좋으셨다. 계속 입원하시다가 간신히 몸을 회복하여 나의 결혼식에 휠체어를 타고 오셨다. 그 후 다시 병원에 돌아가 입원 생활을 하셨는데, 병상에서 일어나시게 된 계기가 있었다. 바로 아내의 임신 소식이었다. 그전까지만 해도 병원에 찾아가면 할머니는 늘 "내가 이제 가야지, 빨리 가야지"라는 이야기를 하셨다. 그런데 아내의 임신 소식을 가지고 찾아간 날, 할머니는 그 고백을 바꾸셨다.

"내가 백 살까지 살아야지."

그 후 할머니는 일주일 만에 거짓말처럼 건강을 회복하고 집으로 돌아오셨다. 임신 소식을 듣고 회복하셨다는 과학적인 증거는 댈 수 없지만 정황상의 증거는 분명했다. 그토록 직접 안아 보기를, 함께 있기를 원했던 증손녀였다.

하루는 가족이 함께 문병을 갔다. 그날 할머니가 내 딸의 손을 잡은 채 한참을 흐뭇하게 바라보시다가 갑자기 눈물을 흘리기 시작하셨다. 당시 할머니는 산소마스크를 쓰고 계셔서 말씀을 하실 수 없었다. 할머니는 아이를 바라보면서 소리 없이 우셨다. 한참을 우셨다. 그 후 할머니는 내 손을 잡으셨다. 내 눈을 한참 바라보시더니 또다시 눈물을 흘리셨다. 말씀은 못하셨지만, 눈빛으로 알 수 있었다. 할머니가 왜 눈물을 흘리셨는지.

이유는 간단했다. 헤어져야 했기 때문이다.

이제 막 재롱을 피우는 손녀와 헤어져야만 하는 현실이 안타까우셨을 것이다. 인생의 후반기에 자신의 손으로 정성들여 키운 손자와 더 이상 함께할 수 없음이 안타까우셨을 것이다. 다 놓고 가야만 했다. 눈물이 나도록 아쉽고 안타깝지만, 그래야 했다. 그렇다. 누구도 함께 갈 수 없다. 누구도 데리고 갈 수 없다. 다 두고 가야만 한다.

또 하나의 이야기가 있다. 할머니의 마지막 날이 가까이 왔을 때 전해 들은 이야기였다.

할머니에게는 살면서 모아 온 약간의 돈이 있었다. 집이나 땅을 살 만한 큰 액수는 아니었다. 손자 손녀들에게 각각 나누어 주면 한두 달 용돈으로 쓸 수 있는 돈이었다. 300억도 3억도 3000만 원도 아닌 30만 원 정도 되는 돈이었다.

할머니가 입원하시기 전에 집에 온 손자에게 그 돈을 나누어 주셨다는 이야기를 전해 들었다. 그런가 보다 하고 넘어갈 수 있는 이야기인데, 문득 예상치도 못했던 생각이 나를 사로잡았다.

'30만 원…. 아, 그 돈도 못 가지고 가시는구나.'

300억 정도 되면 너무 많기 때문에 못 가져간다고 이해할 수도 있겠다. 그런데 30만 원도 못 가지고 간다. 이것이 현실이었다. 나는 이 모습을 보며, 분명한 인생의 진리를 깨달았다.

'아, 정말 아무것도 가지고 갈 수가 없구나.'

이제껏 말로만 들었고 어렴풋이 이해는 하고 있었지만, 그제야 실제적으로 마음에 새겨졌다.

'아, 이것은 실제구나. 사랑하는 손녀도, 고작 30만 원 정도의 돈도 가지고 갈 수 없구나.'

이것이 우리 인생의 실체다. 그 누구도, 그 무엇도 가지고 갈 수 없다. 다 내려놓고 가야만 한다.

마지막 깨달음은 화장장에서 이루어졌다.

평생 우리와 함께하시던 분이 한 줌의 흙으로 우리 앞에 놓여 있었다. 더 이상 무슨 말이 필요하겠는가.

너는 흙이니 흙으로 돌아갈 것이니라(창 3:19).

사랑하며 키웠던 손자도, 손자가 낳은 증손녀도, 모아 놓았던 돈도, 그를 지탱했던 육신도, 아무것도 가지고 갈 수 없었다.

이 모든 것은 살면서 내 소유라고 생각했던 것들이 아닌가? 그러나 실상 이것들을 가지고 갈 수가 없었다. 우리가 세상을 살아가면서 내 것이라고 생각했던 것이 사실상 내 것이 아니었다. 아무것도 가시고 갈 수 없고, 다 내려놓고 가야만 하는 것이 생의 진실이었다.

이 과정을 통해 그동안 나는 허무하게 사라질 것들, 허무하게 내려놓아야 할 것들을 애써 붙잡고 살지는 않았는가 돌아보게 되었다.

하나의 확신을 얻었다. 가장 가치 있는 삶이란 허무한 것에 사로잡히지 않고, 하나님 앞에 무언가를 남길 수 있는 인생이라는 확신. 이 분명한 확신 앞에 나는 새로운 질문을 마주해야만 했다.

'그렇다면 도대체 무엇이 남을까?'

불현듯 다가온 삶의 허무함 속에 떠오르는 질문은 이것이었다. 무엇이 남을까? 이것을 알아야만 했다. 그래야 허무한 것을 뒤로하고 진정 가치 있는 것을 위해 살아갈 수 있지 않겠는가?

영원을 위한 한 걸음

- 현재 애착을 가지고 있는 것은 무엇인가요?
- 앞으로 소유하고 싶은 것이나 추구하고 싶은 삶이 있나요?
- 인생에서 영원히 놓고 싶지 않은 것 세 가지를 적고, 그 이유를 생각해 보십시오. 이 중에서 죽음을 넘어 가지고 갈 수 있는 것이 있나요?

삶의 마지막 자리로 가야 한다

꽉 쥐고 있던 것을 다 내려놓아야만 한다.
이것이 현실이다.

후회 없는 인생을 살기 위해서는 가치를 정립하는 것이 중요하다. 즉, 인생에서 중요한 것과 중요하지 않은 것을 구분하는 분별력이 필요하다. 그러나 정작 우리는 진정으로 중요한 것을 분별하시 못하는 성우가 많다. 분별력을 상실한 채 살아가는 것이다.

　우리가 해야 할 일은 삶에 대한 진지한 묵상이다. 이때 현재를 기준점으로 가치를 분별해서는 안 된다. 진정한 가치를 알기 위해서는 '삶의 마지막 자리'로 가야 한다. 내가 지금 삶의 마지막 순간 앞에 서 있다고 생각하면, 인생의 가장 중요한 것을 분별하기가 다소 쉽다. 버려도 되는 것과 꼭 붙잡아야 할 것이 무엇인지 가늠할 수 있다.

'나는 영원의 문을 통과할 수 있는 것을 추구하며 살고 있는가?'

이 질문을 던지며 삶에 대한 깊은 묵상을 하는 것이 필요하다.

현대인의 삶에 있어 가장 큰 문제는 묵상의 부재다. 일상의 분주함 속에 갇혀 삶에 대한 진지한 묵상을 하지 못한다. 반복되는 일과에 치여 정작 그토록 바쁘게 돌아가는 삶에 대해 치열하게 생각해 볼 시간을 갖지 못한다. 인생이 어디로부터 와서 어디로 가는지, 무엇을 위해 어떻게 살아야 하는지에 대해 자신만의 답을 가지고 있는 사람이 드물다. 빠르게 휩쓸려 가는 인생의 파도 속에 자신의 몸을 내어 맡긴 채 저절로 흘러가도록 방관하고 있을 뿐이다.

사람들의 일상을 살펴보면, 하나같이 정말 열심히 산다. 특히 우리나라 사람들은 더욱 그렇다. 아침 일찍부터 눈 비비고 일어나 일터로, 학교로 향한다. 일하면서 공부하고, 공부하면서 일한다. 저녁 늦은 시간, 지하철에서 주위에 있는 사람들을 바라본 적이 있는가? 삶에 지친 모습에 측은한 마음이 든다. 지쳐서 잠이 들고, 지친 상태로 또다시 일어난다. 이것이 우리의 현재 삶 아닌가?

열심만으로는 안 된다. 무엇을 위한 열심인지 점검해 봐야 한다. 영원의 문을 통과할 수 있는 가치를 향한 열심인지 아닌지 진지하게 점검해 봐야 한다. 그 열심과 노력이 영원히 남을 열매를 위해서인가? 이것을 확인해 볼 필요가 있다.

냉정하게 생각해 볼 시간을 가질 수 있다면 좋겠다. 영원히 남을 것을 위해 우리는 헌신하고 있는가? 혹시 가지고 갈 수도 없는 것을 소유하기 위해 전 존재를 바치고 있지는 않은가? 하나님 앞에 들고 갈 수도 없는 것을 위해 평생을 투자하고 있지 않은가? 내가 이 세상에서 바라고 원하고 열망하는 것들은 영원의 문을 넘을 수 있는가? 그 모든 것을 하나님 앞까지 가지고 갈 수 있는가?

곰곰이 묵상하면 할수록 삶에 기가 막힌 일이 벌어지고 있었다. 대부분의 인생이 그토록 허무한 것에, 그토록 헌신적으로, 자신의 모든 것을 투자하고 있었다. 영원의 열매가 없는 일에 올 인(All in) 되어 있는 인생이 얼마나 많은가? 평생을 좀더 많은 소유와 좀더 많은 명예, 좀더 많은 사람들의 인정, 좀더 높은 자리를 얻기 위해 살아가고 있지 않은가? 직장을 다니며 힘겹게 모은 돈을 사라질 것에 투자하고 있지는 않은가?

우리는 우리 손에 있는 것들을 영원히 소유할 수 있을 것이라고 생각한다. 그러나 언젠가는 모든 소유를 다 내려놓아야 한다. 아무것도 가지고 갈 수 없다. 영원의 문까지는 내 것이라고 생각하며 꼭 쥐고 있었지만, 그 앞에서는 손의 힘이 풀린다. 꼭 쥐고 있던 것을 다 내려놓아야만 한다. 이것이 현실이다.

남길 수 없는 것을 위해 헌신한 인생이 마지막에 마주하게 될 감정은 무엇인가? 후회다. 평생을 수고한 대가가 허무뿐인 것이다. 그때 느낄 상실감, 후회스러움이 상상이 되는가?

왜 이런 일이 일어나는 것일까? 왜 허무한 것에 순종하고 굴복하는 삶을 살아가는 것일까? 인간의 지혜로는 아무리 찾아봐도 그 까닭을 알 수 없다. 결국 성경의 계시로 돌아와야 한다. 성경은 말한다. 사람들이 흑암의 세력 안에 있기에 허무한 것에 순종하며 살아간다고.

> 그때에 너희는 그 가운데서 행하여 이 세상 풍조를 따르고 공중의 권
> 세 잡은 자를 따랐으니 곧 지금 불순종의 아들들 가운데서 역사하는
> 영이라 전에는 우리도 다 그 가운데서 우리 육체의 욕심을 따라 지내
> 며 육체와 마음의 원하는 것을 하여 다른 이들과 같이 본질상 진노의
> 자녀이었더니(엡 2: 2-3).

흑암의 세력이 우리를 허무한 삶으로 이끌고 다닌다. 짙은 영적 흑암이 우리의 영혼의 눈을 가리고 있다. 그 때문에 영원한 것에 대한 그 어떠한 지식도 없이 세상의 소유물에 온 정신을 빼앗긴 채 살아가고 있다.

이를 알지 못하여 하나님 앞에 하나도 가지고 갈 수 없는 것들을 위해 자신의 전부를 투자하는 사람들이 있다. 그러한 삶의 모습을 깨닫게 된 후, 정말 아찔해졌다. 정말 많은 사람이 이렇게 살고 있구나! 깨닫는 순간 휘청했다. 물론 그 속에는 나도 있었다.

목회자로 살고 있었지만, 주를 위해 산다고 했지만, 다른 사람들의 인정과 세상의 부요함에 자유롭지 못했던 나의 모습도 보았다. 이를 깨닫는 순간 온몸에 소름이 끼쳤다. 참으로 흑암 속에서 허우적거리며 살았구나. 말씀의 빛을 받았음에도 내려놓지 못하고, 아등바등 손에 쥐려고 했던 세상의 것들을 발견했다.

물론 그 모두는 사는 데 필요한 것들이다. 그러나 이는 어디까지

나 도구일 뿐이다. 인생의 궁극적 목적을 이루기 위한 도구인 것이다. 그것이 목적이 되는 삶은 허무한 인생으로 결론날 것이다. 남는 것이 아무것도 없기 때문이다. 아무것도 하나님 앞에 남길 수 없기 때문이다. 세상의 모든 것은 삶의 도구가 될 수는 있겠지만, 삶의 목적은 될 수 없다.

후회하지 않기 위한 방법은 무엇인가? 삶에 대한 진지한 묵상이다. 성경에 나타난 하나님의 말씀에 내 삶을 진지하게 비추어 보며 길을 찾는 노력이 필요하다. 이를 통해 무엇을 위해 살아야 하는지에 대한 답을 찾아야 한다. 하나님 앞에 남는 것이 무엇인지 살펴야 한다.

인생은 길을 찾는 작업이 필요하다. 인생은 구도의 여정이기 때문이다. 하나님은 사람들에게 길을 예비해 놓으셨다. 그러나 이는 찾는 자들에게 열린다. 구하는 자들에게 열린다. 두드리는 자들에게 열린다. 성경은 그 길을 찾을 수 있는 지도와 같다.

무관심하게 살아가는 자는 열린 문조차 알아보지 못한 채 삶을 허송한다. 삶에 특별한 사건이 일어나지 않는 한 이 길을 찾는 일에는 일절 관심을 기울이지 않는다.

할머니의 마지막을 함께하면서 내 안에 새겨진 깨달음은, 그동안 나의 것이라고 생각했던 것들이 나의 것이 아니라는 사실이었다. 그것들 중에는 하나님 앞에 가지고 갈 수 있는 것이 아무것도 없음을 알았다. 더불어 내 안에 새겨진 질문은 '무엇이 남는가?'였다. 한 가지 확신 속에 또 다른 질문이 꼬리에 꼬리를 물고 다가왔다. 이 질문에 대한 답을 찾는다면 또 다른 길이 보일 것이라고 확신했다.

인생 앞에 드리워진 허무를 마주한 후, 나는 영원의 가치를 품은 인생을 살고 싶었다. 영원의 문을 통과하여 하나님 앞까지 가지고 갈 수 있는 것을 찾고 싶었다.

결국 이는 삶에 대한 진지한 묵상으로 이어졌다.

'무엇이 남을까?'

남겨야 산다. 하나님 앞에, 영원 앞에 남겨야 산다. 그것이 무엇일까? 그것을 찾아가는 진지한 여정이 시작되었다.

- 삶을 돌아보는 묵상의 시간을 가지고 있나요? 그 시간을 통해 유익을 누렸나요? 묵상의 시간을 갖지 못한다면, 이를 방해하는 요인은 무엇일까요?
- 한 해를 돌아보는 시간을 마련해 보시기 바랍니다. 지난 한 해 동안 품었던 나의 생각과 행했던 일들을 돌아보며 삶을 점검해 봅시다.
- 다시 한 번 한 해를 살아간다면 어떻게 살아가고 싶은지 기록해 보시기 바랍니다.

Lesson 4

영원 앞에 남는 것은 무엇인가

가치 있는 삶의 역사를 남겼느냐가
삶의 가치를 평가하는 기준이다.

이 세상에서 우리가 추구하던 대부분의 것들은 하나님께로 가지고 갈 수 없다. 화려한 집도, 공들여 지은 건축물도, 평생을 벌어 모아 놓은 돈도, 아끼던 사람도, 즐겨 읽던 책도 마찬가지다. 그 어느 것도 영원의 문 앞에서는 가치를 잃고 소멸된다.

이는 마치 모래와 같다. 손에 넣고 있을 때는 내 것이라고 생각했지만, 정작 영원히 소유하려고 꽉 움켜쥐기 시작하면 다 사라진다. 내 손안에 있던 것들이, 내 영향력 아래 있던 사람들이, 나의 것이라고 생각했던 그 모든 것이 실상은 나의 것이 아니었던 것이다.

그렇다면 이것들은 대체 누구의 것이었을까?

이 모두는 하나님의 것이었다. 우리가 소유한다고 믿었던 것들은 실상 하나님이 우리의 삶 속에 '맡겨 주셨던 것들'이었다. 우리는 그저 하나님께 대여받아 쓰고 있었을 뿐이다.

물론 주어진 과정은 각각 다르다. 하나님께서 어떠한 것들은 아무런 대가 없이 선물로 주셨다. 이를테면 태어나면서부터 주어지는 외모, 집안 배경, 재능과 같은 것들이다.

어떠한 것은 하나님께 간절히 기도하여 받았다. 우리가 주께 간절히 구하는 모습을 보시며, 하나님께서는 우리의 마음의 소원을 따라 허락해 주셨다.

때로는 우리의 땀을 대가로 받으시고 빌려 주신 것도 있었다. 사람이 노력만으로 얻을 수 있는 것이 있는가? 없다. 노력에는 하나님의 은혜가 뒤따라야 열매가 맺힌다.

주어진 과정은 다 다르다. 그러나 공통된 점이 있다. 이 모든 것이 실상 내 것이 아니라는 점이다. 우리는 하나님께 대여받아 쓰고 있을 뿐이다. 선물처럼 주셨든, 기도의 응답으로 주셨든, 땀의 대가로 주셨든, 내게 있는 모든 것은 다 주님의 것이다.

그동안 '하나님은 우리의 주인이시고, 우리는 청지기다'라는 이야기를 수없이 들어 왔다. 나도 그 이야기를 앵무새처럼 사람들에게 외치고 다녔었다. 그러나 이제까지 나는 이 진리에 대해서 머리로만 알고 있었다. 그런데 이번 경험을 통해 그동안 들었던 청지기론이 실제적으로 다가왔다.

내 손에 있어서 내 것이라고 생각하고 있던 모든 것은 하나님께 대여받아 쓰고 있을 뿐이며, 때가 되면 다 내려놓아야 할 것들이라는 사실이 뼈저리게 느껴졌다. 재정, 사람, 재능, 건강, 소유 그리고 생명의 호흡까지 다 잠시 빌려 쓰고 있을 뿐임을 깨달았다. 그 모두는 때가 되면 다 주님의 품에 돌려드려야 한다.

그렇다면 하나님 앞에 가지고 갈 수 있는 것은 무엇일까? 내가 지금 보고 만지고 가지고 있는 것들 중 어느 하나도 하나님 앞에 가지고 갈 수 없다면, 과연 가지고 갈 수 있는 것은 무엇일까? 영원의 문을 통과할 때 살아남을 수 있는 것은 무엇일까?

그것을 알아야 남겨야 할 것들을 위해 살 수 있지 않겠는가? 그것을 알아야 진정 가치 있는 삶을 향해 나갈 수 있지 않겠는가? 그래야만 후회하지 않는 인생을 살 수 있지 않겠는가?

'무엇이 남는가?'

나는 울부짖듯 이 질문을 던졌다.

차를 타고 다니면서도 묵상했다. 기도하면서도 떠올렸다. 잠시 의식에 여백이 생길 때마다 수시로 그 질문을 떠올렸다.

'무엇이 남을까?'

이는 하나님을 향한 기도요, 질문이었다.

묵상의 끝에 우레와 같이 마음을 울리는 한 문장이 새겨졌다.

'삶의 역사만 남는다.'

이 문장이 나의 마음속에 천둥 치듯 울렸다. 이후 이 문장은 나의 마음속 깊숙이 새겨졌으며 나의 삶과 사역 속에 지대하게, 지속적으로 영향을 끼쳤다.

아무것도 가지고 갈 수 없다. 오직 하나만 가지고 갈 수 있다. 그것은 무엇인가? 바로 삶의 역사다. 내가 살아온 발자취만 가지고 갈 수 있다. 하나님께 대여받은 것은 가지고 갈 수 없다. 대여받은 것을 가지고 어떻게 살아왔는지 확인할 사용 실적만 가지고 갈 수 있다. 그것이 삶의 역사다. 나의 영혼은 이 땅에서의 정해진 시간을 다 마치고, 삶의 역사만을 가지고 주님 앞에 서게 된다.

이를테면, 하나님께 건강을 받아 어떻게 사용했는지가 남는다. 하나님께 재물을 받아 어떻게 사용했는지가 남는다. 하나님께 시간을 받아 어떻게 사용했는지가 남는다. 하나님께 재능을 받아 어떻게 사용했는지가 남는다. 하나님이 붙여 주신 사람들을 어떻게 대하며 살았는지가 남는다. 하나님이 보내신 자리에서 어떠한 삶을 살았는지가 남는다.

하나님으로부터 생명을 받아서 어떻게 사용했는가? 나의 경우에는 이를 생각해 볼 필요가 있었다. 깊이 생각해야만 했다. 삶의 역사만 남기 때문이다.

나는 성경에서도 이 사실을 이야기하고 있는지 알고 싶었다. 이에 대해 분명하게 선언한 예수님의 말씀이 있었다.

예수님은 이와 같은 사실을 이미 말씀하셨다. 이미 보았음에도 나는 알아차리지 못했다. 주의 깊게 묵상하지 못했다. 삶에 적용하지 못했다. 예수님이 이미 우리에게 이와 같은 사실을 알려 주셨음에도 불구하고 말이다. 의미상 유사한 말씀들이 꽤 있지만, 그중 대표적인 한 구절을 살펴보겠다.

인자가 아버지의 영광으로 그 천사들과 함께 오리니 그때에 각 사람이 행한 대로 갚으리라(마 16:27).

예수님은 행한 대로 갚으신다. 소유대로 갚지 않으신다. 능력대로 갚지 않으신다. 외모대로 갚지 않으신다. 행한 대로, 즉 삶의 역사대로 갚으신다. 그렇다. 삶의 역사만 남는다. 살아온 역사에 따라 누군가는 상을 받고, 누군가는 심판을 받는다.

우리는 언젠가 하나님의 심판대 앞에 선다. 우리가 생의 시간을 다 마치고 예수님 앞에 가거나 아니면 예수님이 그보다 먼저 오시거나 둘 중 하나다. 그때 그의 심판대 앞에서 평가를 받는 것은 삶의 역사다. 삶의 역사가 곧 나다. 내가 곧 삶의 역사다. 삶의 역사가 영혼의 발자취이다. 예수님은 삶의 역사를 보신다. 우리의 행적을 보신다. 그 후 각 사람이 행한 대로 갚으신다.

가치 있는 인생은 어떠한 인생일까? 하나님 앞에 가치 있는 삶의 역사를 남기는 인생이다. 가치 있는 삶의 역사를 남겼느냐가 삶의 가치를 평가하는 기준이다. 삶의 역사로 사람의 가치가 평가된다.

세상 사람들은 흔히 무엇을 가졌느냐를 기준으로 사람을 평가한다. 그러나 영원 앞에서 예수님은 다르다. 예수님은 무엇을 가졌느냐에 따라 평가하지 않으신다. 예수님은 어떻게 살았느냐를 보신다.

언젠가 한 유명 호텔에 일이 있어서 간 적이 있다. 당시 나의 애마는 경차였다. 호텔 주차장으로 향하는 나의 앞뒤로 외제 차들과 국내 세단들이 즐비했고, 나의 경차는 그 사이에서 소박함을 뽐내고 있었다.

나는 그곳에서 나의 경차의 가치만큼의 인정을 받았다. 상대적으로 초라한 대우였다. 그것이 세상의 관점이었다.

그러나 영원 앞에서 하나님의 대우는 이와 다르다. 외제 차를 가지고 있었다고 외제 차의 가치만큼 사람을 인정해 주지 않는다. 하나님은 그 차를 어떻게 운전했느냐를 보신다. 그 차를 어떤 일에 사용했느냐를 보신다.

외제 차인가 경차인가가 기준이 아니다. 무엇을 가지고 있었든지 얼마나 가치 있게 그 차를 사용했느냐를 보신다. 평가의 기준이 다르다. 예를 들어 나는 경차를 가지고 교회의 형제자매들의 집과 교회를 이어 주는 다리 역할을 했다. 반면에 외제 차를 가지고 늘 흥청망청 놀러만 다닌 사람이 있다면, 나와 그 사람 중에 누가 더 인정을 받을까? 하늘의 평가는 어떠할까?

나는 다양한 번역본으로 출간된 깨끗한 성경책 여러 권을 가지고 있다. 그러나 북한의 주민들은 낡아 버린 성경책 한 권을 가지고 있다. 들은 바에 의하면, 그것조차도 제대로 드러내 놓고 다니지 못한다고 한다. 그러나 내가 새 성경책 여러 권을 가지고 있다고 한들 북한의 성도들보다 간절함과 사모함으로 성경책을 읽지 않는다면, 새 성경책을 가지고 있다는 사실이 무슨 의미를 가질 수 있겠는가? 하나님은 성경책을 얼마나 많이, 최신 번역판으로 다양하게 가지고 있느냐보다 그것을 어떻게 사용했느냐에 더 관심을 두시지 않을까?

두 가지 질문을 통해 삶을 돌아볼 수 있었다.

'하나님이 주신 것을 내 것인 양, 영원히 내 소유물이 될 수 있을

것인 양 믿고 있지는 않은가?'

'하나님이 내게 빌려주신 것으로 나는 어떠한 삶의 역사를 남기고 있는가?'

나의 인생 중에 이 질문을 스스로에게 던져 볼 기회가 주어진 것에 대해 하나님께 감사한다. 할 수만 있다면, 모든 사람이 이와 같은 은총에 한 번씩이라도 참여할 수 있기를 소망한다. 그리고 참다운 삶의 가치에 대해 깊이 생각할 시간을 가진다면 좋겠다.

하나님 앞에서, 영원 앞에서는 삶의 역사만 남기 때문이다.

- 삶 속에서 겪은 상실의 경험을 한 가지씩 생각해 보시기 바랍니다(사람. 일. 건강 등). 이것이 본래 하나님께서 잠시 동안 맡겨 주신 것임을 묵상해 보십시오.
- 나는 내게 맡겨 주신 삶, 사람, 재능, 시간 등을 어떻게 사용하고 있는지, 앞으로 어떻게 사용할 것인지 생각해 보시기 바랍니다.

돌아봄, 그리고 다시 시작하기

내가 지금 어떠한 삶의 역사를 쓰고 있는지에 대한
돌아봄, 이것이 중요하다.

삶의 역사만 남는다는 진리 앞에 올바른 반응은 무엇일까? 먼저는 '돌아봄'이다.

그동안 나의 삶 가운데 하나님 앞에 남을 만한 역사가 있었을까? 나는 지금 남기는 인생을 살고 있을까?

내가 목회자가 된 것, 사역자의 길을 걸어가고 있는 것, 귀한 일이라고 믿는다. 그러나 목회자라는 직분 자체보다 목회자로서 어떤 역사를 남기고 있느냐가 더 중요하지 않을까? 목회자의 이름으로 패역한 역사를 남긴다면, 안수받은 목사임을 하나님 앞에 자랑스럽게 내세울 수 있을까? 직분과 상관없이 목회자이기 이전에 하나님 앞에 한 명의 참된 성도로 서는 것이 중요하지 않을까? 이것이 한 사람을 향한 하나님의 가장 근본적인 부르심이지 않을까?

돌아봄, 그것이 필요했다. 돌아보지 않으면 다시 안일해진다. 돌아봐야 고칠 수 있다. 돌아봐야 다시 시작할 수 있다.

현재 나의 위치가 어떠한가보다 더 중요한 것이 있다. 내가 처해 있는 곳에서 어떠한 삶의 역사를 쓰고 있느냐이다.

다윗은 무명의 시절도 보냈고, 한 나라의 왕으로서 찬란한 시절을 보내기도 했다. 무엇이 더 귀한 인생이었을까? 세상의 관점으로 보면 왕이었던 시절을 더 귀하다고 할 수 있을 것이다. 그러나 하나님 앞에서는 어떠할까? 양떼를 관리하며 늘 하나님께 찬양과 기도를 드렸던 목자로서의 다윗. 왕이었지만 충신의 아내를 탐하여 한 가정을 깨뜨리고 충신을 죽음에 몰아넣은 다윗. 이 중 무엇이 더 가치 있는 인생이라고 말할 수 있을까? '무엇이 되었느냐'보다, '무엇을 소유했느냐'보다 더 중요한 것이 있다. '어떻게 살았느냐'의 문제이다. 그러므로 삶의 역사를 돌아봄이 중요하다. 삶을 돌아보는 자가 그렇지 않은 자보다 더 가치 있는 삶의 역사를 남길 수 있지 않을까?

사실 나의 삶을 하나님 앞에서 정직하게 돌아볼 기회가 있었다. 그때 잠시나마 나의 삶을 돌아봤던 경험이 이전보다 좀더 나은 삶을 살아갈 수 있도록 이끌어 주었다.

언젠가 나는 일반적이지 않은 영적 체험을 한 적이 있다. 생명을 위협하는 심각한 질병은 아니었지만, 심각한 감기였던 것만은 확실하다. 아마도 독감이었던 것 같다. 고열로 인해 몸져누운 채 괴로워하던 나는 그만 정신을 잃고 말았다.

나는 어딘가로 끌려 내려가고 있었다. 본능적으로 그곳이 천국은 아니라는 생각이 들었다. 강력한 힘이 나를 밑으로 끌어당기고 있었다. 거대한 자석이 끌어당기는 것과 같은 기분이었다. 내 의지만으로는 끌어당기는 힘에서 벗어날 수가 없었다.

그때 내가 떠올릴 수 있는 유일한 이름은 '예수님'이었다. 나는 예수님을 불렀다. 나의 구원자를 향해 소리쳤다. 그때 갑자기 나를 밑으로 끌어당기는 힘이 점차 약해지기 시작했다. 점점 그 힘이 나를 구속할 수 없게 되자, 어떤 강력한 기운이 나를 위로 끌어올리기 시작했다. 내 주변에 있는 대부분의 사람이 밑으로 끌려 내려가고 있을 때, 나 혼자 위로 솟구쳐 올라갔다.

강력한 기운에 이끌려 어딘가에 도착했을 때, 나는 그곳이 어디인지 직감할 수 있었다.

'아, 내가 지금 하나님 앞에 섰구나. 나의 삶은 끝이 났구나.'

그때, 내 앞에 거대한 스크린이 나타났다. 스크린에는 어릴 때부터 지금까지의 기억들이 파노라마처럼 펼쳐지고 있었다. 내가 살아온 삶의 역사가 나의 심의를 거치지도 않은 채, 날것 그대로 드러나고 있었다. 하나님 앞에 내 삶의 역사가 낱낱이 공개된 것이다. 나는 그것을 하나님과 함께 바라보았다.

그때 나는 내 삶을 하나님 앞에서 정직하게 돌아보는 시간을 가질 수 있었다. 하나님 앞에서 나의 삶을 돌아보며 놀란 점이 있었다.

이상할 정도로 소유에 대한 아쉬움이 전혀 느껴지지 않았다. 세상에서 살 때는 가지지 못한 것에 대한 아쉬움이 있었다. 하지만 그곳에서는 그러한 아쉬움이 전혀 느껴지지 않았다. 명예, 권력, 지위, 소유는 조금도 생각나지 않았다.

그곳에서 내가 느꼈던 가장 큰 아쉬움은 나의 보잘것없는 삶의 역사였다. 부끄럽게 쓰인 삶의 역사였다. 하나님께서 내게 주신 사람들을 사랑하지 못했던 역사, 하나님께 헌신하지 못했던 역사가 아쉬웠다. 자존심 때문에 더 사랑하지 못하고, 나만 생각하느라 더 헌신하지 못했던 역사가 사무치게 아쉬웠다.

한 번만 더 기회를 달라고 애걸복걸했다. 여기까지라고 말씀하신다면 어쩔 수 없지만, 한 번만 더 기회를 주실 수 없냐고 울부짖으며 기도했다.

그러던 중에 불현듯 눈이 떠졌다. 온몸이 땀으로 흠뻑 젖어 있었고, 눈에는 눈물이 흐르고 있었다. 이제까지와는 다른 삶의 역사를 쓸 수 있는 기회가 나에게 한 번 더 부여되었음을 깨달았다.

그때 나는 하나님 앞에서 내 삶을 돌아볼 수 있었다.

그 후 내게 어떤 변화가 생겼을까? 삶의 방향성이 바뀌었다. 물론 그날로부터 내 삶이 완전해졌다는 말은 아니다. 여전히 나는 쉬이 유혹을 받으며 넘어지곤 한다. 그러나 지나온 삶을 돌아본 그날 이후, 내 삶의 방향성은 분명히 바뀌었다. 넘어지려 할 때마다 당시에 삶을 돌아보며 깨달았던 내용들이 나를 붙잡아 주었다. 그리고 깨달음대로 삶의 방향을 조절할 수 있는 여력이 생기기 시작했다.

때때로 이전의 굴레를 벗어나지 못해 한계에 부딪치며 괴로움을 토설할 때도 있다. 그럼에도 불구하고 분명한 것이 있다. '방향'의 변화다. 궁극적으로 추구하려는 삶의 방향이 변화되자 하나님을 향한 헌신, 사람에 대한 사랑을 우선순위에 놓으려는 열정이 생겼다. 돌아봄이 변화를 가져온 것이다.

삶의 역사만 남는다.

이 문장은 다시 한 번 내 삶을 돌아보는 계기가 되었다. 모든 장례 절차가 끝난 후, 계속해서 나의 삶을 맴도는 문장이 되었다. 글을 쓰는 지금도 마찬가지고, 앞으로도 그러할 것이다. 이 글을 읽는 모든 사람의 마음속에 이 문장이 맴돌게 된다면 좋겠다. 그리고 이 문장을 통해 자신의 삶을 성찰하고 곰곰이 돌아보는 기회를 가졌으면 좋겠다.

혹시라도 영원 앞에 후회할 만한 삶을 살고 있는 것은 아닌가? 혹시라도 영원 앞에 남길 수 없는 것을 위해 살고 있는 것은 아닌가? 하나님 앞에서 자신을 돌아볼 기회가 주어진다면, 그것은 하늘의 은총이다.

삶을 돌아보며 해야 할 일이 있다. 삶을 바라보는 기준을 다시 정하는 일이다. 기준을 다시 정해야 이전의 삶으로 돌아가지 않는다. 그저 돌아봄에 그친다면, 그것은 미래의 삶에 아무 영향도 주지 못한다.

우리 인생의 가치를 평가할 때에 가장 중요한 기준은 삶의 역사다. 그러나 오늘날의 우리는 물질주의의 영향 아래 소유를 인생 최고의 가치로 삼고 있지 않은가. 이 세상에서 많은 것을 가지고 살아가는 사람도 있고, 그렇지 못한 사람도 있다. 이것 때문에 서로 비교하고 질투하고 시기하고 다투기도 한다. 왜 그럴까? 삶을 바라보는 기준이 잘

못되었기 때문이다. 삶의 역사를 가치 평가의 기준으로 삼지 않았기 때문이다.

한 사회 고발 프로그램에서 강남 아파트 경비원의 분신자살 사건을 파헤침으로써 경비원이 처한 현실을 보여 주었다. 그는 한 사모님으로부터 다양한 형태의 폭언을 들었다. 그뿐만 아니라 5층에서 던지는 떡을 받아먹으라는 수치스러운 명령을 들었다. 그녀는 어떻게 그러한 행동을 아무렇지 않게 할 수 있었을까? 인간의 가치를 그릇된 곳에 두고 있었기 때문은 아닐까? 영원의 세계에서는 그 사모님이 무엇을 얼마만큼 소유하며 살았는지에 대해 별 신경을 쓰지 않는다. 그저 그녀의 삶의 역사만을 주목하여 볼 뿐이다.

무언가를 가졌다고 해서 만족하고, 때로는 무언가를 가지지 못했다고 해서 불평할 필요가 없다. 그것은 영원의 문 앞에서 우리의 삶을 평가하는 기준이 되지 않기 때문이다. 오직 어떠한 삶의 역사를 쓰고 있는가를 살펴보아야 한다. 돌아봄, 또 돌아봄. 내가 지금 어떠한 삶의 역사를 쓰고 있는지에 대한 돌아봄, 이것이 중요하다.

이름도 없이 빛도 없이 헌신하며 이 땅에 하나님 나라를 회복하기 위해 애쓰는 사람들이 있다면, 소망을 가지고 위로를 받았으면 좋겠다. 지금 써내려가고 있는 삶의 역사는 영원 앞에서 지워지지 않는 역사가 될 것이기 때문이다. 그렇게 쓰인 삶의 역사로 인해 영원의 삶이 복될 것이기 때문이다.

삶을 돌아봄에 있어서 또 한 가지 필요한 것이 있다. 우리의 구원자 되시는 예수님, 그분이 나를 위해 지신 십자가를 의지하는 일이다.

삶을 정직하게 돌아보는 작업은 쉽지 않다. 그 이유는 내 삶의 역사가 깨끗하지만은 않기 때문이다. 돌아봄은 고통이고 괴로움이다. 그러나 괴로움과 고통 속에서도 위로를 받고 새로운 삶을 꿈꿀 수 있는 이유는 하나님께서 우리의 삶을 십자가 안에서 용서하신다는 복음의 말씀이 있기 때문이다.

삶의 역사만 남는다. 맞는 말이다. 그러나 우리 안에 쌓여 있던 부정적인 삶의 역사는 우리를 괴롭게 한다. 언젠가 집회 현장에서 삶의 역사를 돌아보라는 메시지를 전했을 때, 많은 이가 부담을 느꼈다는 고백을 했다. 십자가 없는 돌아봄은 괴로움이다. 주의 복음이 사라진 성찰은 후회뿐이다.

'이제 어떻게 하나. 그동안 내가 남긴 삶의 역사는 너무나도 부끄럽기만 한데….'

이것이 대다수 사람들의 공통된 반응일 것이다. 하나님 앞에 어떠한 사람이 떳떳하게 자신의 삶을 들이댈 수 있을까?

하나님은 이러한 우리를 위해 십자가 은혜를 베푸셨다. 진실한 마음으로 회개하고 예수님을 따르기로 한 자는 예수 그리스도의 십자가의 공로를 통해 죄와 부정적 삶의 역사로부터 구원을 받는다. 자유를 얻게 된다. 그야말로 '복음'이다.

그러하기에 우리는 새로운 삶을 꿈꿀 수 있다. 하나님은 지나간 일들은 기억하지 않고, 이전에 행한 모든 일도 생각지 않는다고 하신다. 하나님과 함께 새롭게 시작할 수 있다.

삶의 역사를 돌아볼 때 주 예수님의 십자가 소망을 품어야 한다.

십자가를 의지할 때 새로운 꿈을 꿀 수 있다.

'삶의 역사만 남는다.'

이 말씀 앞에 지혜로운 응답은 돌아보고 또 돌아보는 일이다. 돌아봄을 통해 삶의 기준이 새롭게 세워지고, 십자가 안에서 부정적 삶의 역사를 딛고 새로운 삶을 꿈꿀 수 있다면, 인생에 이보다 더 귀한 일이 또 있을까 싶다.

돌아봄, 그리고 다시 시작하기. 우리의 삶에 역사만 남는다는 것을 깨달은 사람이 누릴 수 있는 최고의 은총이다.

영원을 위한 한 걸음

- 내가 가장 가치 있게 여기던 것은 무엇이었나요? (ex. 하나님, 신앙, 인간관계, 사람들의 인정, 소유, 외모, 지위 등)
- 자신에게 주어진 시간과 열정을 어디에 가장 많이 쏟아 왔습니까? 하루 동안 가장 많이 생각하는 일은 무엇입니까?
- 십자가 안에서 나의 삶을 새롭게 시작한다면, 무엇을 가장 중요하게 여기며 살고 싶습니까?

성도의 삶은 허무하지 않기에

부활 신앙 속에서
허무는 자리를 잡지 못한다.

모든 장례 절차가 거의 마무리되던 시점이었다. 화장을 마치고 가족묘를 향해 가는 차 안에서 나는 어머니께 마음속에 담아 두었던 이야기를 꺼냈다. 할머니에 대한 그리움을 넘어 인간 존재에 대한 근원적인 고민이었다.

"다음 세상 없이, 이것이 삶의 끝이라면… 인간의 삶은 정말 너무나도 허무하겠네요."

목회자로서 처음 장례를 마주했을 때가 기억이 난다. 그때 생애 처음으로 화장장을 갔다. 얼마 전까지만 해도 나의 곁에 있던 누군가가 삽시간에 화장되어 함에 담겨 나오는 모습은 충격 그 자체였다. 화장장에서 느낀 짙은 허무감에 몸서리쳤던 기억이 있다. 그 후 화장장에서의 경험이 되풀이되면서, 처음의 충격은 차차 무뎌져 갔다.

할머니의 유골이 화장되는 모습을 지켜보며 그때의 허무감을 다시금 느꼈다. 그리고 삶의 근본적인 가치에 대해 한 번 더 생각하게 되었다. 30년 이상 곁에서 나를 돌보아 주시던 분이 한순간에 한 줌의 재가 되어 버리는 상황은 안일한 나의 삶에 경종을 울리기에 충분했다. 안타까움과 아쉬움, 그리움, 슬픔을 넘어 생의 근원적 문제를 두고 질문하지 않을 수 없는 시간이었다.

만약 우리에게 다음 삶이 없다면 우리의 인생은 너무나도 허무하지 않을까? 땅에서의 삶의 끝이 한 줌의 흙으로 종결된다면, 더불어 그 이후의 생이 없다면, 그 유한한 인생의 허무를 견딜 수 있을까?

제국의 제왕들이 그토록 영생을 추구하고, 생의 고리를 붙잡으려고 했던 이유가 무엇이었을까? 죽음 앞에서 느낀 허무감 때문 아니었을까? 제국을 세우고 왕성한 권력을 누렸다는 사실이 인생의 마지막 날에 어떤 의미로 다가왔을까? 이제는 더 이상 어느 것도 소유할 수 없고 어느 것도 누릴 수 없게 된다면, 그동안 누린 모든 것이 무슨 의미가 있겠는가?

그들은 그제야 비로소 모든 것이 아무리 잡으려고 해도 손에 잡히지 않는 바람과 같다고 느꼈을 것이다. 이제 자신이 이 세상과 완전히 분리된 존재가 된다는 사실을 견딜 수 없었을 것이다.

그렇다. 모든 사람은 남아 있는 자들의 기억 속에만 간직되어 있을 뿐, 때가 되면 실체는 없어진다. 나의 육신이 흙으로 돌아간 후 그것으로 모든 것이 끝이라면, 지금 하고 있는 일들은 어떤 가치를 가질까?

냉정하게 따지면 인간의 역사 자체가 허무해진다. 인간의 삶에 어떤 목적이 없다면, 우리는 과연 무엇을 위해 살고 있는 것이란 말인가? 본능에 따라 살며 죽지 못해 살아가는 삶이 어떤 의미를 가질 수 있을까? 인간이 아무리 의미를 부여해도 끝이 무의미하다면, 결국 남는 것은 허무뿐이다. 삶의 끝은 허무다.

그러나 성도는 이 땅에서의 삶을 허무하다고 생각하지 않는다. 부활에 대한 하나님의 약속이 있기 때문이다. 부활 신앙은 성도의 삶의 핵심이다. 예수님께서 사망 권세를 이기고 부활하신 것과 같이 예수님은 우리를 다시 살리실 것이다. 바울은 부활을 의심하는 소리로 인해 흔들렸던 고린도 교회에게 다음과 같이 말했다.

만일 그리스도 안에서 우리가 바라는 것이 다만 이 세상의 삶뿐이면 모든 사람 가운데 우리가 더욱 불쌍한 자이리라(고전 15:19).

우리는 그리스도 안에서 이 세상의 삶만을 바라는 자가 아니다. 예수님과 영원히 누릴 삶을 꿈꾸는 자들이다. 부활 신앙 속에서 허무는 자리를 잡지 못한다.

예수님이 우리의 삶을 기억해 주시고, 우리의 부활을 약속하셨기에 오늘의 삶이 가치를 가진다. 살아 계신 하나님이 우리의 삶에서 허무라는 단어를 분리해 주신다.

여기에서 좀더 엄밀히 따져 볼 필요가 있다. 인간에게 다음 삶이 있고 부활이 있다는 것은 이 땅에서의 삶이 끝이 아님을 의미한다. 그로 인해 허무하지 않을 수는 있다. 그러나 이 땅에서의 삶이 영원한 삶에 영향을 준다면, 부활의 진리는 우리에게 책임을 요구한다. 우리는 이 땅에서 살아온 자신의 삶에 대해 책임을 져야 한다. 허무하지 않을 수는 있으나 삶의 역사에 따라 후회가 따를 수도 있다.

나는 마태복음을 읽으면서 계속해서 반복되는 표현에 주목한 적이 있다. 어느 날은 한 표현이 계속해서 눈에 들어왔다. 예수님은 이 땅에서 하나님의 말씀을 하찮게 여기며 산 사람들이 보이는 공통된 반응에 대해서 말씀하셨다. 그것은 '이를 갈음'이다. 즉 '후회'를 나타내는 말이다.

> 그 나라의 본 자손들은 바깥 어두운 데 쫓겨나 거기서 울며 이를 갈게 되리라(마 8:12).

> 인자가 그 천사들을 보내리니 그들이 그 나라에서 모든 넘어지게 하는 것과 또 불법을 행하는 자들을 거두어 내어 풀무 불에 던져 넣으리니 거기서 울며 이를 갈게 되리라(마 13:41-42).

> 세상 끝에도 이러하리라 천사들이 와서 의인 중에서 악인을 갈라 내어 풀무 불에 던져 넣으리니 거기서 울며 이를 갈리라(마 13:49-50).

이르되 친구여 어찌하여 예복을 입지 않고 여기 들어왔느냐 하니 그
가 아무 말도 못하거늘 임금이 사환들에게 말하되 그 손발을 묶어 바
깥 어두운 데에 내던지라 거기서 슬피 울며 이를 갈게 되리라 하니라
(마 22:12-13).

생각지 않은 날 알지 못하는 시각에 그 종의 주인이 이르러 엄히 때리
고 외식하는 자가 받는 벌에 처하리니 거기서 슬피 울며 이를 갈리라
(마 24:50-51).

이 무익한 종을 바깥 어두운 데로 내쫓으라 거기서 슬피 울며 이를 갈
리라 하니라(마 25:30).

나는 성경을 읽으며 놀랐다. 예수님이 삶의 역사를 잘못 쓴 사람
들이 보일 반응에 대해 이토록 반복해서 알려 주며 강조하셨다니! 예
수님께서 이토록 강조하신 말씀이라면 주의 깊게 묵상하며 마음에 새
길 필요가 있지 않을까?

부활이 있다면 삶에 허무함은 사라진다. 그러나 허무함 대신 책
임감이 주어진다. 그러하기에 삶은 보람될 수도 있지만 후회가 남을 가
능성도 있다. 예수님의 말씀에 따르면 이를 갈 정도로 말이다.

그러나 이를 두려워하기보다는 단단히 기억해야 한다. 하나님이
우리에게 예비하신 삶은 단순히 허무한 삶, 심판의 삶에서 간신히 구
원받는 정도의 삶이 아니다. 그것은 하나님이 타락한 우리에게 예비하

신 최소한의 삶이다. 진정으로 하나님이 우리에게 베푸시고자 하는 삶은 바로 이것이다.

> 그때에 의인들은 자기 아버지 나라에서 해와 같이 빛나리라 귀 있는 자는 들으라(마 13:43).

하나님은 우리가 단순히 울며불며 후회하는 삶에서 간신히 탈출하는 것을 목표로 삼지 않으신다. 하나님은 우리가 당신의 나라에서 해와 같이 빛나기를 원하신다. 더불어 이러한 삶을 향해 나아갈 때, 그 삶을 인도하시며 지혜와 능력을 베푸실 것이다.

다니엘도 하나님이 가지고 계신 우리의 삶에 대한 계획에 대해서 동일하게 이야기했다.

> 지혜 있는 자는 궁창의 빛과 같이 빛날 것이요 많은 사람을 옳은 데로 돌아오게 한 자는 별과 같이 영원토록 빛나리라(단 12:3).

이것이 우리를 향한 하나님의 궁극적인 계획이다. 성도는 부활 신앙을 가진 자다. 하나님의 약속 아래 머무는 인간의 삶은 허무하지 않다. 삶의 역사는 남아서 하나님 앞으로 향한다. 그러하기에 하나님 앞에 남을 만한 삶의 역사를 써야 한다. 그러나 책임감에 눌려 아무것도 못하고 방어적으로 살아갈 필요는 없다. 우리를 향한 하나님의 계획은 허무와 후회가 아니기 때문이다. 하나님은 우리가 열매와 기쁨이 넘치는 삶을 살아가기를 바라고 계신다. 겨우 구원받는 것이 성도가 꿀 수 있는 꿈의 전부가 아니다. 주와 같이 영원히 빛나는 삶, 그것이 성도가 꿈꾸며 담대히 걸어가야 할 삶의 푯대이다.

- 나의 삶에 부활이 있다는 이야기를 들을 때 어떠한 생각이 드나요? 그러한 생각이 드는 이유는 무엇일까요?
- 우리에게 부활이 있다면, 지금의 삶을 그대로 유지하고 싶은가요? 삶에 변화를 주고 싶은가요? 그 이유는 무엇인가요? 변화되고 싶다면 어떠한 모습으로 변화되고 싶은가요?

하나님 앞에 남는 삶

주어진 삶으로 무엇을 써내려가고 있는가?
하나님 앞에 남는 삶을 써내려가고 있는가?

"아무것도 가져갈 수 없다." "무엇이 남을까?" "삶의 역사만 남는다."
"어떠한 삶을 남겨야 할까?"

이와 같은 질문들과 그에 따른 답들이 연이어 나의 삶에 다가왔다. 이제 마지막에 다다랐다. 그렇다면 어떠한 삶을 남겨야 할까?

역사의 주인이 하나님이시라면, 우리가 하나님 앞에 남길 수 있는 가장 가치 있는 삶은 하나님이 참으로 주인 되시는 삶이다. 하나님의 뜻이 온전히 이루어지는 삶이다.

어떠한 삶을 남겨야 하는가에 대한 질문을 품고 다니면서, 하나님이 참으로 주인 되시는 삶을 한번 살아 보면 좋겠다는 갈망을 품게 되었다. 이는 예배나 부흥회 때 외부로부터의 자극을 받아 즉흥적으로 결단하는 식의 충동적인 마음이 아니었다. 뼈아픈 깨달음 가운데 내면 깊은 곳에서부터 차오르는 갈망이었다.

하나님이 참으로 주인 되시는 삶은 순종의 삶으로 나타난다. 사실 성경은 창세기부터 요한계시록까지 '순종'의 문제를 다루고 있다. 성경은 순종과 불순종의 역사를 다루는 책이라 해도 과언이 아니다.

아담은 하나님의 말씀을 믿지 않았고, 결국 그분의 말씀에 불순종하고 말았다. 약속의 땅 앞에 선 이스라엘 백성은 하나님의 약속을 믿지 않았고, 약속의 땅 앞에서 하나님을 원망하며 불순종했다. 사울은 하나님의 말씀보다 자기의 생각을 더욱더 의지하며 불순종했다. 남유다와 북이스라엘의 왕들은 선지자를 통해 선포된 하나님의 말씀에 귀 기울이지 않고, 불순종으로 가득한 삶의 역사를 남겼다. 예수님이 오셨을 때에도 예수님을 통해 증거된 하나님의 말씀에 많은 유대인이 불순종으로 응답했다. 이것이 성경 속에 기록된 불순종의 역사다.

반면 노아는 하나님의 말씀을 믿었고, 믿음으로 방주를 지었다. 아브라함은 하나님의 말씀을 믿었고, 하나님께서 하실 일을 기다렸다. 요셉은 하나님이 보여 주신 약속을 믿었고, 그 약속이 이루어지기까지 인내하며 기다렸다. 모세는 하나님의 말씀을 믿었고, 그 말씀에 순종했다. 여호수아는 하나님의 말씀을 믿고 따른 결과 약속의 땅의 주인공이 되었다. 다윗은 하나님의 말씀을 믿고 따르는 가운데 이스라엘의 왕이 되었다. 열두제자는 예수님을 통해 전해진 하나님의 말씀을 믿음으로 받아들이고 죽기까지 예수님을 따랐다. 이것이 성경에 기록된 순종의 역사다.

성경 속에는 불순종의 역사와 순종의 역사가 함께 기록되어 있다. 지금 내가 쓰고 있는 삶의 역사는 순종의 역사일까, 불순종의 역사일까? 무엇으로 내 삶을 채우고 있는지 돌아보아야 한다.

성경 속에는 다양한 하나님의 말씀이 기록되어 있다. 어떠한 말씀에 순종해야 하는가?

첫째, 구원으로 인도하는 말씀이다. 노아는 하나님께서 말씀하신 구원의 길을 믿고 따랐다. 그분이 말씀하신 대로 방주를 만들어 구원을 받았다. 이스라엘 백성도 애굽에 심판이 임할 때 양을 잡아 문설주에 바름으로써 심판을 면했다.

하나님께서는 이 시대를 살아가는 우리에게 당신께서 보내신 하나님의 아들을 믿고 따르라고 하신다.

하나님이 세상을 이처럼 사랑하사 독생자를 주셨으니 그를 믿는 자마다 멸망하지 않고 영생을 얻게 하려 하심이라(요 3:16).

우리의 입장에서 바라본다면 구원의 말씀에 순종하는 것보다 더 귀한 것이 어디 있을까? 타락이라는 안타까운 상황 속에 빠져 있을 때, 이로부터 우리를 건져 주는 하나님의 말씀보다 더 귀한 것은 없다.

구원받은 우리에게 하나님이 명하시는 말씀은 무엇인가? 성경에는 수많은 하나님의 말씀이 기록되어 있지만, 그것의 핵심은 '사랑'이다. 하나님과 이웃을 사랑하는 삶, 이것이 예수님을 따르는 자의 삶이고, 이것이 하나님 앞에서 영원히 남는 삶이다. 예수님은 우리에게 분명히 말씀하셨다.

> 선생님 율법 중에서 어느 계명이 크니이까 예수께서 이르시되 네 마음을 다하고 목숨을 다하고 뜻을 다하여 주 너의 하나님을 사랑하라 하셨으니 이것이 크고 첫째 되는 계명이요 둘째도 이와 같으니 네 이웃을 네 자신같이 사랑하라 하셨으니 이 두 계명이 온 율법과 선지자의 강령이니라(마 22:36-40).

우리의 인생 가운데 하나님을 사랑하는 역사를 남기고 있는가? 내게 주신 사람들을 사랑하는 역사를 남기고 있는가?

간혹 사람들은 다른 사람들에게 자신의 자랑거리를 이야기한다. 18대 1로 싸워서 이겼다는 전설의 무용담, 군대에서 축구한 이야기처럼 과장된 우스갯소리를 하는가 하면, 각종 연애담과 좋은 곳을 다녔던 이야기처럼 소소한 추억까지 말이다. 그러나 자랑할 것이 이러한 가시적인 것들밖에 없다면, 신앙의 관점에서는 아쉬움이 남을 뿐이다.

성도라면 적어도 이런 자랑 정도는 해야 하지 않을까?

"이 옥탑방은 내가 처음 예수님을 인격적으로 만난 곳이야. 한참 뜨겁게 기도했던 곳이지. 하나님과 나의 사랑의 관계가 여기에서 시작되었어."

“젊었을 때 서울랜드에 전도를 하러 간 적이 있었어. 많은 사람에게 이야기해도 잘 들어 주지 않았어. 하지만 나를 사랑하신 하나님의 마음이 느껴져서 포기할 수 없었지. 그래서 한 명만 더, 한 명만 더 하다가 몇 명에게 복음을 전할 수 있었어.”

“삶이 너무 어려웠지. 기도밖에는 없었어. 사람들도 다 떠나고, 할 일도 사라지고…. 정말 하나님만 바라고, 하나님께 기도하는 일밖에는 할 수 있는 게 없었어. 결국 하나님께서 내 삶을 인도하시더라.”

“사랑해야 하는데, 마음에 품기가 어렵더라. 그래서 사랑하라는 명령을 따르기 위해 기도했어. 포기하지 않고 기도했더니 어느 순간 성령님께서 내 마음을 변화시켜 주셨어. 그 뒤로 그 사람을 사랑으로 품을 수 있게 되었지.”

이 고백들은 무엇인가? 하나님을 사랑하며 하나님과 함께한 삶의 흔적을 고백하는 간증이다.

누구랑 싸워서 이긴 이야기와 주님과 함께 동행한 삶의 이야기. 둘 중 어떤 이야기가 하나님 나라와 가까울까?

하나님을 사랑한 역사는 하나님과 교제한 역사, 하나님의 꿈을 꾸며 참여한 역사다. 사람을 사랑한 역사는 주 안에서 사람들과 교제하며 함께 삶의 길을 걸어간 역사다. 지금 우리가 그러한 삶의 역사를 쓰고 있는지 돌아보아야 한다. 이에 대해 묵상하면서 나는 세 가지의 역사 쓰기를 갈망하게 되었다.

· 하나님과 친밀한 관계 속에 ‘동행’한 삶의 역사

· 하나님의 꿈을 품고 '헌신'한 삶의 역사

· 하나님이 맡겨 주신 사람들을 '사랑'한 삶의 역사

그렇다면 하나님 앞에 남기는 삶을 어디서부터 시작해야 할까? 멀리 갈 필요 없다. 바로 내가 서 있는 그 자리에서부터 시작하면 된다.

하나님 앞에 남기는 삶을 위해 다른 나라로 선교를 떠난다거나, 뭔가 대단한 일을 해야 한다고 생각하기 쉽다. 그러나 결코 그렇지 않다. 내가 서 있는 삶의 현장에서부터 시작하면 된다.

가정에서부터 하나님께 남기는 삶의 역사를 써내려갈 수 있다. 내가 속한 가정에서 예배를 드리기 시작한 역사, 내가 속한 가정의 사람들을 구원하기 위해 기도한 역사, 힘겨워하시는 부모님을 주의 말씀으로 격려하고 섬긴 역사, 하나님께서 내게 맡겨 주신 아이들에게 하나님의 말씀을 전하고 이들을 바로 세우는 역사, 부모와 자녀를 위해 주께 대접하듯 한 끼를 준비하는 귀한 섬김의 역사, 바로 이와 같은 일들이 현재의 삶의 자리에서 시작할 수 있는 '영원을 준비하는 삶'이다.

이는 학교와 직장에서도 마찬가지다. 처음 믿는 자들끼리 예배를 드리기 시작한 역사, 주를 섬기는 마음으로 고객을 대했던 역사, 예배 드리는 마음으로 나에게 주어진 일을 감당했던 역사, 학교와 직장에서 신앙이 없는 사람들을 위해 중보기도를 드리고 복음을 전했던 역사, 하나님의 마음으로 연약한 자를 배려하며 공동체를 이끌어 간 역사, 이 모든 것이 학교와 직장에서 써내려갈 수 있는 삶의 역사다.

주어진 삶으로 무엇을 써내려가고 있는가? 하나님 앞에 남는 삶을 써내려가고 있는가? 하나님의 말씀에 순종하는 역사를 써내려가고 있는가?

우리의 삶에 시작과 끝이 있고, 우리 삶의 알파와 오메가 즉 처음과 나중이 주님이시라면, 주님이 허락하신 삶에 사랑과 순종의 역사를 써내려가는 것이 주님께서 우리를 향해 기대하시는 삶일 것이다. 그것이 영원 앞에 가장 복된 삶이라는 사실을 영원의 시간이 증명해줄 것이다.

- 내가 남기고 있는 역사는 순종의 역사와 불순종의 역사 중 어느 것에 더 가까운가요?
- 내가 남긴 순종의 역사는 무엇이며, 앞으로 남기고 싶은 순종의 역사는 무엇인가요?
- 오늘 나는 어떠한 순종의 역사를 남길 수 있을까요?

영원에 잇대어진 오늘

오늘이 시작이다.
영원과 잇대어진 오늘, 오늘은 영원을 건축하는 날이다.

갑작스러운 뉴스 특보는 평온한 일상에 경적을 울린다. 특별히 사건 사고에 관련된 소식은 더욱 그렇다. 북한 포격 사건, 군대 총격 사고, 배의 침몰 소식, 다리·건물·도로 붕괴, 전염병···. 그 밖에 지진, 화재, 강도, 살인 등의 돌연한 사건들···. 이와 같은 일들은 일상의 안일함에 잠겨 있는 우리를 흔들어 깨운다.

수많은 사건으로 인해 인명 피해가 일어날 때마다 새삼 놀란다. 생의 끝이 나와 아주 멀리 있는 것처럼 느껴졌는데, 지금 당장 내 삶에 들이닥칠 수도 있다는 사실을 깨닫기 때문이다.

우리는 일상이 평안하길 원한다. 그러나 평안을 잘 관리하지 않으면 안일함으로 이어진다. 매일 반복되는 하루하루의 권태에 젖어 삶이 영원히 이어질 것처럼 착각하기도 한다. 일상의 반복 속에 쉽게 안일함의 늪으로 빠져들어 간다.

위와 같은 사고 소식은 우리를 안일함 속에서 건져 준다. 각지의 다양한 사건·사고 소식은 우리를 깨워 일으킨다. 그러나 각지에서 발생하는 사건·사고도 매일 뉴스를 통해 반복해서 접하다 보면 어느 정도 면역성이 생긴다.

우리를 깨우는 확실한 사건은 내 주변의 사건들이다. 내 주변에서 사건이 일어나면 뉴스에나 나왔던 사건들이 나와 상관없는 이야기가 아님을 깨닫게 된다. 삶에 대해 진지하게 생각하는 계기가 된다.

물론 이는 아픔을 동반한다. 그런데 인간은 놀랍다. 아플수록 더욱 깨어난다. 깨어남은 아픔을 대가로 지불해야 하는 경우가 많다.

할머니가 돌아가신 일을 계기로 나는 인생에 대한 안일함에서 깨어나야 할 필요성을 느꼈다. 아픔을 대가로 깨달음의 기회를 얻었다. 나는 장례 이후 이 불변의 명제를 품고 지냈다.

"인간은 이 땅에서 영원히 살아갈 수 없다. 언젠가는 나에게도 끝이 찾아온다."

참 단순한 진리지만 이를 의식하고 살아가는 사람은 생각보다 많지 않다. 그 이유가 무엇일까? 죽음을 완전한 끝이라고 생각하기 때문이다.

평생을 수고하여 이루어 놓은 일이 죽음 앞에서는 무(無)로 남는다면 얼마나 허무할까? 내일부터 나는 이 세상 사람이 아닐 수도 있다고 생각해 본다면 지독한 허무감에 몸서리를 치게 될 것이다.

20대 남자 청년들은 군대에 가기 전에 비슷한 느낌을 경험하게 된다. 지금 열심히 살아 봤자 군대 다녀오면 다시 출발점에 서야 한다는 생각 때문이다. 군대 가기 전까지 하는 일에 대해서 허무를 느끼지 않을 수 없다. 공부를 하는 일도 허무하고, 누군가와 연애를 하는 일도 허무하게 느껴진다. 군대를 가면 이 모든 일이 다 소용없을 것이라고 생각하기 때문이다. 내가 사회에서 무엇을 하건 군대에 가면 아무 쓸모도 없을 것이라는 회의가 들기 때문이다.

그러나 군대 가기 전에 하는 일이 군대에서의 삶을 결정한다면 어떠할까? 결코 허무하지 않을 것이다. 내가 사회에서 악기를 열심히 배워 그곳에서 이와 같은 일로 섬길 수 있다면, 악기를 배우고 연마하는 일이 허무하게 느껴지지 않을 것이다.

죽음도 마찬가지다. 죽음 이후 또 다른 삶이 펼쳐져 이 세상에서 하는 일이 그 영원의 삶에 영향을 미친다면 허무감은 사라질 것이다. 죽음을 끝이라고 생각하기 때문에 허무한 것이다.

성경은 죽음을 허무하게 보지 않는다. 그 이유는 '부활'을 이야기하기 때문이다. 성경은 이 세상이 끝이 아니라고 한다. 모든 삶은 하나님이 다스리시는 '영원'과 연결된다. 이 세상을 마무리할 때가 분명히 온다. 그러나 이는 이 세상의 끝일 뿐이다. 이 세상의 끝은 다음 세상의 시작이 된다. 그뿐만 아니라 이 세상에서의 삶이 다음 세상의 운명에 영향을 미친다. 예수님은 말씀하셨다.

이를 놀랍게 여기지 말라 무덤 속에 있는 자가 다 그의 음성을 들을 때가 오나니 선한 일을 행한 자는 생명의 부활로, 악한 일을 행한 자는 심판의 부활로 나오리라(요 5:28-29).

성도는 이 세상의 삶이 영원과 잇대어 있음을 믿는다. 그렇기에 이 세상에 끝이 있다고 해서 허무감에 빠지지 않는다. 무턱대고 함부로 살지도 않는다. 성도는 이 세상에서 영원을 준비하며 산다.

성경대로 이 세상이 영원과 잇대어 있다면, 이를 망각하고 사는 것만큼 지혜롭지 못한 일도 없다. 한정된 이 세상에서의 삶이 영원과 연결되어 있다면, 이를 기억하며 지혜롭게 살아 내야 한다. 그런데 이를 잊고 산다면 통탄할 일이다. 영원을 위한 이 세상에서의 시간을 아무 생각 없이 흘려보낸다면 참으로 안타까운 일이 아니겠는가.

30대가 된 이후 20대의 삶을 돌아보니 아쉬움이 많았다. 20대의 삶을 기반으로 30대를 살아가려니 당시 허무하게 흘려버린 시간이 너무도 아깝게 느껴졌기 때문이다. '20대의 시간을 좀더 알차게 썼더라면 30대에 더 많은 일을 할 수 있었을 텐데'라는 아쉬움이 들 때가 있다. 이 생각을 무한 확장시켜 영원에 대입해 보라. 내가 이 땅에서의 삶을 좀더 알차게 썼더라면, 내가 그때 영원을 준비했더라면, 이런 생각이 들지 않겠는가?

우리에게 주어진 한정된 시간이 우리의 영원한 운명을 결정한다면, 이를 잊고 살아서는 안 된다. 영원을 아는 사람에게는 죽음이 딱히 두려운 단어도 아니다. 완전한 끝이 아니라 영원을 향해 거쳐 가는 과정이니 말이다.

이 세상이 끝이 아님이 분명하다면 지금부터 준비해야 한다. 더는 이 세상에 휩쓸려 어영부영 살지 말고 영원을 준비해야 한다.

영원의 주인이신 하나님과의 사귐이 있는가? 그분의 말씀을 묵상하며 그 속에서 하나님의 뜻을 발견하고 하나님의 음성을 청종하는가? 삶의 다양한 순간 속에서 주님과 사귀며 살아가는가? 하나님이 주신 꿈을 가지고 하나님 나라를 위해 헌신하며 살아가는가? 하나님이 붙여 주신 사람들을 사랑하고 섬기며 살고 있는가?

이것이 이 땅에서 영원을 준비하는 사람들이 스스로에게 한 번씩 던져 보아야 할 질문들이다.

언제부터? 지금부터다. 오늘부터다. 더 늦출 수 없다. 오늘부터 영원을 위해 남기는 인생을 시작해야 한다. '오늘부터'가 제일 지혜로운 말이라면 '내일부터'는 제일 어리석은 말이다. 오늘을 잃어버리는 자는 영원을 잃어버린다. 오늘부터 할 수 있는 일을 시작하는 것이 지혜롭다. 오늘부터 하나님과 교제를 시작하고, 오늘부터 하나님의 일을 꿈꾸고, 오늘부터 사랑한다고 말하는 삶이 지혜로운 삶이다.

오늘부터 시작해야 할 이유가 무엇일까? 앞으로 얼마만큼의 시간이 우리에게 남아 있는지 모르기 때문이다. 우리에게 주어진 시간이라고 확신할 수 있는 것은 늘 '현재'뿐이다.

내가 초등학생 때였던 것으로 기억한다. 휴거가 일어날 것이라고 믿는 사람들에 관한 뉴스가 연일 보도되었다. 당시 나는 그리스도인이 아니었지만, 이 사건은 대단히 흥미로웠다. 과연 이 세상에 끝이 올까?

덕분에 난 그날 밤을 지새우고 말았다. 기대했던 휴거 쇼는 일어나지 않았다. 난 밤을 지새우며 화려한 휴거 쇼가 일어나기를 기대했지만, 그러한 우주적 이벤트가 일어나지 않은 것만을 확인했을 뿐이다.

그들은 자신에게 주어진 시간을 안다고 생각했다. 그러나 엄밀히 말해 그 시간은 누구도 모른다. 건강하게 살던 중 갑자기 하나님께 부름받을 수도 있다. 육체적으로 연약한 채로도 오래 살 수 있다. 우리는 모른다. 우리가 아는 것은 하나다.

내가 잠에서 깨어나 눈을 뜬 순간, 하나님이 나에게 '오늘이라는 기회'를 주셨다는 사실이다.

너희는 그날과 그때를 알지 못하느니라(마 25:13).

결국 우리에게 허락된 것은 오늘이다. 영원을 위해 준비할 수 있는 시간은 오늘이다. 오직 오늘만이 영원을 위해 허락된 시간이다. 영원을 위한 삶의 역사를 쓰기 위해 나는 여기서부터 시작하기로 했다.

'오늘에 충실하자.'

그때부터 오늘의 가치가 달라 보이기 시작했다. 눈을 뜨면 새로운 날을 맞이했다는 사실이 감사히 여겨지기 시작했다. 당연하게 맞이했던 매일 아침이 영원을 위해 하나님이 준비하신 선물처럼 보였다.

'오늘은 영원에 잇대어져 있는 하루다.'

이것을 깨닫고 나니 아침에 일어날 때마다 감사 기도가 절로 나왔다.

'하나님께서 내가 남겨야 할 삶의 역사를 쓸 기회를 주시는구나.'

사실 우리는 잠이 들면 아무것도 의식할 수 없다. 의식이 잠들어 있다는 점에서 죽어 있는 것이나 마찬가지다. 어찌 보면 우리는 매일 죽고 매일 다시 태어난다. 잠들 때 내일을 기약할 수 없다. 어제와 같이 내일도 그렇겠거니 생각할 뿐이다. 그러나 엄밀히 말하자면, 내일은 우리에게 보장되어 있지 않다. 내일이 주어진다면 이는 하나님의 선물이다. 곧 영원을 위한 기회의 시간이다.

자기 전에 하루를 돌아보는 시간을 갖는 것이 우리에게 유익하다. 오늘이라는 시간을 주신 것을 하나님께 감사하고, 영원에 잇대어진 하루를 어떻게 보냈는지 돌아본 후, 이에 따라 회개와 감사의 기도를 드리고 잠을 청한다면 그 사람의 내일은 어떠할까?

은혜 가운데 새로운 아침에 눈이 떠졌다면 하늘을 향해 한번 외쳐 보았으면 좋겠다.

"하나님, 오늘이라는 선물을 주셔서 감사합니다."

그리고 오늘 써나갈 역사를 위해 하나님께 간구하고 하루를 시작한다면 그 사람의 하루는 어떠할까?

오늘이 시작이다. 영원과 잇대어진 오늘, 오늘은 영원을 건축하는 날이다. 오늘의 가치를 매 순간 의식하며 하루를 살아간다면, 그 사람의 영원은 두려움이나 염려의 시간이 아니라 기대할 만한 시간이 될 것이다.

- 영원을 생각하게 만든 사건을 경험한 적이 있나요? 그 사건을 통해 왜 영원을 생각하게 되었나요?

- 오늘이 영원과 잇대어져 있다면, 당신은 오늘을 어떻게 살겠습니까?

2장

ABOUT WORDS

말씀

하늘의 뜻이 이루어지는 삶

말씀의 씨앗을 우리 안에 심기 시작하면,
그 말씀은 반드시 자라 우리의 삶에 영향을 미친다.

삶의 역사만 남는다.

이 문장 앞에 스스로의 삶을 돌아보았다. 나는 어떠한 삶의 역사를 남기고 있는가? 후회스러웠던 삶의 역사, 지우고 싶은 삶의 역사를 주의 십자가를 의지하며 그 앞에 내려놓았다. 이제 정말 하나님 앞에 남을 삶의 역사를 써나가고 싶었다.

하나님 앞에 남을 삶의 역사란 무엇일까? 말씀을 묵상하는 가운데 예수님이 가르쳐 주신 기도가 마음에 떠올랐다.

'하나님의 뜻이 이루어지는 삶.'

이 문장을 마음에 새긴 채 매일 새벽 주기도문을 붙잡고 기도하기 시작했다.

"나라이 임하옵시며 뜻이 하늘에서 이룬 것같이 땅에서도 이루어지이다."

예수님이 바라고 원하셨던 삶, 이를 이루어 가기 위해 그 기도가 삶이 되기를 소망했다. 어떻게 이것이 가능할까? 어떻게 해야 하늘의 뜻이 내 삶 속에 이루어질 수 있을까?

가장 우선시되고 중요하게 여겨야 할 것이 무엇인지 구했다.

'하나님과의 관계에서 시작하자.'

계속되는 물음 속에 하나의 답이 내면에 던져졌다.

영원의 주인이신 창조주 하나님과 상관없는 삶의 역사는 나에게 의미가 없었다. 하나님 안에서 이루어지는 삶의 역사만이 가치를 가질 수 있었다. 앞으로 써나갈 역사는 자의적인 역사가 아닌 하나님이 주인 되시는 역사이길 갈망했다. 순종의 역사를 쓰고 싶었다. 주님의 뜻을 이루어 가는 삶을 살고 싶었다.

이 마음을 품게 되었을 때 가장 먼저 떠오른 단어는 '영성'이었다. 내가 정의하는 영성은 하나님과의 관계성이다. 하나님과의 관계 속에서 이루어지는 삶, 그러한 삶을 살고 싶었다. 하나님께 이끌리고 하나님에 의해 움직이는 삶을 살고 싶었다. 하나님이 내 삶의 주체가 되시는 삶을 갈망했다.

이 갈망은 내 삶에 고요한 변화를 일으켰다. 하나님을 근원으로 삼는 삶을 갈망하다 보니, 이와 반대되는 내 안의 다양한 삶의 근원이 수면 위로 드러났다. 그것들은 내가 미처 의식하지 못했던 삶의 근원들이었다. 주께 집중하다 보니 자연스레 드러난 것들이었다.

나를 이끌어 가는 근원들에는 타인에게 인정받고자 하는 마음, 누군가에게 자랑하기 위한 마음, 뒤처질지도 모른다는 두려움들이 있었다. 주님의 이끄심이 아닌 다른 내면의 동력이 내 삶을 이끌 때가 있었다. 이를 발견하면서 하나씩 내려놓기 시작했다. 그리고 주님의 도우심을 구했다.

자기 성취욕이나 과시욕, 조급함, 두려움을 내 삶을 이끄는 원동력으로 삼고 싶지 않았다. 내 삶의 원동력은 오직 하나님 한 분만이 되길 원했다. 하나님이 주시는 영적 감화와 감동을 얻길 원했다. 하나님이 주시는 소명이 내 삶의 시작점이 되길 원했다.

그렇다면 어디서부터 시작해야 할까? 하나님이 주인 되시는 삶에 대한 갈망을 현실로 이루어 가기 위해서 어떻게 해야 할까? 영혼에서 울리는 질문이었다.

먼저는 들어야 했다. 하나님이 주인 되어 이끄시는 삶을 살아가려면 먼저 들어야만 했다. 하나님과의 친밀한 관계 안에서 살아가기 위해 다른 무엇보다 하나님의 말씀에 귀 기울이기로 결심했다. 사무엘의 고백이 당시 내 영혼의 고백이었다.

말씀하옵소서 주의 종이 듣겠나이다(삼상 3:10).

어떻게 들어야 할까? 들음의 시작은 성경이어야 했다. 역사 속에 주어진 계시가 먼저였다.

성경을 붙들기로 했다. 그 속에서 인생을 향한 하나님의 비전을 발견하고자 했다. 삶의 매 순간을 하나님이 비춰 주시는 지혜의 빛에 조명하고 싶었다.

지식적인 채움에 대한 갈망이 아니었다. 신앙생활을 처음 시작할 때는 물론 지식이 필요했을 것이다. 그러나 지금 나의 갈망은 그것 이상이었다. 하나님의 말씀을 통해 하나님의 마음을 알고, 하나님 앞에서 나의 삶의 길을 발견하고 싶었다. 성경을 통해 내 삶에 말씀하시는 성령님의 일하심을 갈망했다.

이를 위해 성경 묵상을 삶의 중심에 놓기로 했다.

복 있는 사람은 … 오직 여호와의 율법을 즐거워하여 그의 율법을 주야로 묵상하는도다(시 1:1-2).

이것이 내가 갈망하는 삶이었다. 성경을 읊조리며 그 말씀들을 통해 지혜를 얻고, 그 말씀들을 토대로 삶을 이끌고 형성해 가는 삶. 그것이었다.

돌이켜 보니 나의 일상은 늘 성경과 함께였다. 신학교 때 처음 성경 묵상을 시작했다. 성경 묵상을 시작한 이유는 좋은 설교자가 되고 싶었기 때문이었다. 좋은 설교자는 성경을 묵상해야 한다는 말을 듣고 묵상을 시작했다. 학교에서 묵상 모임을 꾸려서 함께하기 시작했다. 모임이 조금씩 커지면서 다른 사람들의 묵상 생활을 돕기도 했다. 부교역자로 부임했을 때도 처음 사역은 묵상 모임으로 시작했다. 아무런 모임도 없던 청년부를 맡고 나서, 예배 후 말씀 묵상하는 모임을 시작했다. 감사하게도 나는 여러 형태로 늘 묵상을 지속해 왔다.

그러나 지금 와서 돌이켜 보면 묵상을 하며 늘 영적 유익을 경험하긴 했지만, 그 속에서 하나님을 깊이 있게 만나지는 못했던 것 같다. 정직하게 돌아보면 묵상을 하는 '의도'에 문제가 있었다. 나 자신의 영혼을 위함이 아니라 가르치고자 하는 욕구가 강한 상태에서 말씀 묵상을 하니, 가르침이나 나눔에 필요한 내용은 제법 얻어 냈을지 몰라도 내 영혼을 향한 주의 음성은 잘 듣지 못했다.

목회를 하면서도 성경 묵상을 안 한 것은 아니었다. 새벽기도 후 늘 성경을 읽고 묵상했다. 그러나 두 가지 이유로 묵상의 깊은 맛을 누리지 못했다.

먼저는 이전과 동일하게 그 방향성이 치열하게 내 영혼을 향하지 못했다. 묵상은 했으나 그 묵상을 통해 내 영혼을 향해 말씀하시는 하나님의 음성에는 그리 골똘히 귀 기울이지 못했던 것이다. 나의 영혼이 아닌 설교를 위한 묵상에 빠져 있었다. 말씀 속에 살았으나 정작 '진정한 말씀'을 듣지 못했다. 내 영혼에 말씀하시는 하나님의 음성을 듣기를 원했다. 거기서부터 시작하고 싶었다.

다시 시작할 성경 묵상은 철저하게 내 영혼을 위한 것이 되기를 원했다. 목회자이기에 묵상 내용이 설교로 이어지는 것은 자연스러운 수순이겠지만, 우선순위는 내 영혼에 말씀하시는 하나님의 음성을 듣는 것이었다. 설교자로서 성경을 대하기 이전에 하나님의 사람으로서 주의 말씀을 대하기를 원했다.

묵상의 깊은 맛을 누리지 못한 또 한 가지 이유는 규칙적으로 묵상하지 못했기 때문이다. 목회를 하면서 바쁘다는 핑계로 묵상에 우선순위을 두지 못했다. 밀려오는 일들에 치여 내 영혼을 위한 자리를 치열하게 확보하지 못했다. 영적 타협은 영혼의 빈곤함을 가져왔다.

그래서 교재를 정했다. 규칙적으로 성경 묵상을 하고 싶었기 때문이다. 주변에 나의 묵상 의지를 알렸다. 그럴 필요까지 있나 생각했지만, 그렇게 해서라도 묵상을 지속하고 싶었다. 다른 이유로 미루거나 상황에 따라 굴복하는 일은 만들고 싶지 않았다.

매일 아침 나는 성경 말씀을 붙들고 하루를 시작했다. 새벽기도가 끝난 후 말씀을 붙들었다. 설교를 위해 말씀을 보는 습관이 여전히 남아 있었다. 본문을 마주하자마자 설교 대지가 떠올랐다. 잠잠히 내려놓았다. 하나님의 말씀에 진실하게 내 삶이 비추어지기를 그리고 하나님의 말씀에 내면이 채색되기를 소원했다.

말씀 묵상을 통해 하나님께 가까이 다가가기 위해 가장 중요하게 생각한 것은 묵상 틀에 답을 적어 넣듯 하지 않는 것이었다.

기존의 성경 묵상 공식들이 있다. '관찰-해석-적용'과 같은 틀이다. 이는 묵상을 하는 기본적인 틀이다. 그저 공식에 따라 납을 넣는 기계적인 행위를 넘어서고 싶었다. 주님의 자유로운 인도하심에 나를 맡기고 싶었다. 살아 계신 하나님께서 말씀 묵상을 통해 들려주시는 성령의 감동에 노출되고 싶었다.

이를 위해 계속해서 기도드렸다.

"하나님 말씀하여 주옵소서. 오늘 이 성경 본문을 통해서 말씀하여 주옵소서. 나에게 하고자 하시는 말씀을 제가 듣길 원합니다."

그리고 주어진 말씀을 읽고 또 읽었다. 정해진 시간에 듣지 못하면, 하루 종일 그 말씀을 머릿속에 떠올리며 다녔다. 그러다 보니 성경 말씀을 통해 울려오는 세미한 음성이 있었다. 관찰–해석–적용을 넘어서 그날 나에게 주시는 말씀들이었다.

그 말씀은 내 삶을 인도하는 지표가 되었고, 앞날을 바라보며 절실히 붙드는 말씀이 되었고, 나의 삶을 돌아보며 변화를 일으키는 말씀이 되었다. 내 삶에 개입하시는 하나님의 음성이었다.

결국 말씀 묵상은 급속히 내 삶의 중심으로 자리 잡았다. 말씀 묵상으로부터 시작하고, 말씀 묵상에 의해 움직이게 되었다. 말씀 묵상을 통해 하나님으로부터 시작하고 하나님과 함께 움직이는 삶의 기쁨을 맛보기 시작했다.

하나님 앞에 남겨지는 삶의 역사를 새기기 위한 첫 번째 발걸음은 성경 묵상이었다. 간혹 신앙생활을 하는 가운데 어떤 신비한 체험이나, 탁월한 영성 프로그램에 의존하고 싶을 때가 있다. 신앙적 열심이라는 이름 아래 좀더 특별한 것을 찾고 싶을 때가 있다. 그러나 늘 특별한 프로그램들은 일시적일 뿐이었다. 물론 참여할 당시에는 성장의 도약점이 되기도 하지만, 지속적인 영적 성장은 프로그램으로 이루어지지 않았다.

한 사람의 신앙 성장은 하나님의 말씀을 삶의 중심에 두고, 그 말씀과 동행하는 삶을 통해서 이루어진다. 다른 특별한 프로그램에 비해 그 길은 진부해 보이고, 시간도 오래 걸릴 것 같고, 지루해 보일 수도 있다. 그러나 말씀을 정성을 다해 붙들면, 그 속에서 하나님과의 우정이 싹틀 것이며 하나님의 이끄심을 경험하게 될 것이다.

하나님의 영은 자유로이 우리에게 다가오실 수 있지만, 보편적으로 말씀과 '함께' 말씀을 '통해' 우리에게 다가오신다. 말씀을 통해 우리를 일깨우고, 말씀을 통해 새로운 비전을 보게 하시고, 말씀을 통해 우리를 세워 가신다. 말씀에서 시작된 하나님과의 관계는 시간이 지날수록 견고하게 자라 갈 수 있다. 말씀의 씨앗을 우리 안에 심기 시작하면, 그 말씀은 반드시 자라 우리의 삶에 영향을 미친다. 그 속에서 하나님은 말씀을 통해 우리의 주인으로 역사하시기 시작할 것이다. 하나님 앞에 남겨지는 삶이 되도록 말이다.

영원을 위한 한 걸음

- 지금 나의 삶을 움직이는 근원은 무엇인가요? 하나님의 말씀이 내 삶을 움직이는 근원이 된다면 어떠한 모습이 될까요?
- 규칙적으로 성경 말씀을 묵상하고 있나요? 묵상 생활에 만족하고 있나요? 그렇지 않다면 어떤 점이 불만족스러운가요? 묵상을 통해 무엇을 얻고 싶은가요?

무엇에 목말라하는가

하나님을 향한 목마름이 있다면,
그만큼 말씀을 붙들기 시작할 것이다.

처음에는 넘치는 의욕을 품고 말씀 묵상을 시작한다. 그러나 지속적으로 이어 가지 못하는 경우가 많다. 주변 사람들에게서 이런 질문을 많이 들었다.

"왜 묵상이 계속 이어지지 못하고 도중에 무너지는 경우가 많이 있습니까?"

분명한 것은 무너지는 데는 이유가 있다는 점이다.

첫째, 말씀 묵상을 삶의 우선순위로 삼지 않기 때문이다. 그 이유는 무엇일까? 그만큼 말씀이 갈급하지 않아서다. 입술로는 말씀 묵상을 해야겠다고 이야기한다. 하지만 묵상을 해야 하는 이유에 대해서는 마음 깊이 동의하지 못할 수 있다. '말씀은 나의 영적 생명줄이고, 이를 묵상하는 것은 하나님 앞에 남기는 삶을 살기 위한 핵심 전략'이라는 확신이 필요하다. 여기서부터 갈급한 마음이 샘솟기 시작한다.

'하고 싶은데 너무 바빠서 못해요'라는 말은 냉정히 판단해 보면 정직하지 못한 말이다. 사람은 반드시 해야 하는 일이라면 아무리 바빠도 시간을 내어 수행한다. 반드시 필요한 일이라면 어떻게든 상황을 조정하여 해결한다. 아무리 바빠도 잠은 잔다. 아무리 바빠도 밥은 먹는다. 아무리 바빠도 화장실은 간다. 아무리 바빠도 숨은 쉰다. 왜 그럴까? 안 하면 안 되기 때문이다. 생존과 직결되어 있기 때문이다. 진심으로 필요성을 느낀다면 하게 되어 있다.

게임 좋아하는 사람들만 봐도 알 수 있다. 아무리 바빠도 게임을 한다. 출근하는 지하철에서도 하고, 피곤한 퇴근길에도 한다. 하루 종일 학업으로 지쳐 있는 학생이라도 집에 와서 잠깐이나마 게임을 하고 잔다. 진정 하고 싶으면 어떻게든 시간을 쪼개서라도 반드시 그 일을 하는 것이 사람이다.

말씀 묵상에 대해 진정으로 갈급해하는가? 사실 말씀 묵상에 대한 갈급함은 더 본질적인 갈망에서 비롯된다. 그것은 바로 하나님을 향한 갈급함이다. 그분을 더 알고 싶고, 그분과 동행하고 싶어 하는 갈급함이다.

묵상은 주님과의 동행을 이끌어 주는 도구다. 그러나 도구에 대한 갈급함을 품기 전에 하나님에 대한 갈급함을 품는 것이 먼저다. 하나님에 대한 갈급함이 있는가? 그 갈급함이 있다면, 자연스럽게 하나님과 교제할 수 있는 도구에 대한 갈급함이 생긴다.

설교자들은 '말씀 읽으십시오. 기도하십시오'라는 말을 많이 한다. 나도 마찬가지다. 그러나 이에 대한 갈급함이 생겨나려면 근원적으로 하나님에 대한 갈급함이 샘솟아야 한다.

물론 다른 갈급함으로도 충분히 말씀 묵상을 잘할 수 있다. 성경 지식에 대한 갈급함, 빨리 배워서 리더가 되고 싶은 갈급함, 성경을 묵상함으로써 다른 성도들에게서 인정을 받기 원하는 갈급함, 기도를 통해 가시적인 축복을 받고자 하는 갈급함, 현재 당면한 문제를 해결하고자 하는 갈급함. 이처럼 사람들은 참으로 다양한 갈급함을 가지고 주께 나아간다.

나는 이러한 갈급함을 무조건 부정적으로 보지는 않는다. 신앙생활의 성장 단계에서 하나님은 다양한 욕구를 통해서 우리를 하나님께로 이끄시기 때문이다. 그리고 시간이 흘러갈수록 하나님의 은혜를 따라 자연스럽게 다양한 욕구들이 정화될 수 있음을 믿기 때문이다. 나 또한 그러했다.

그러나 그 출발이 하나님을 향한 순수한 갈급함이 아닌 다른 동기에서 비롯된 것이라면 지속성을 보장하기 어렵다. 어느 정도까지는 다른 갈급함으로 지속할 수 있다. 그러나 처음 열정이 오래 가길 원한다면, 하나님을 향한 갈급함을 품어야 한다. 즉 묵상의 지향점을 바꾸어야 지속성이 보장된다.

이에 대한 갈급함이 있다면, 이를 실제적으로 구현하기 위해 삶의 원칙을 세워야 한다. 감정과 상황에 따라 움직이는 삶을 살고 싶지 않다면, 영성 관리에 원칙을 세울 필요가 있다.

매일 아침 20분 말씀 묵상하기, 회사에 20분 먼저 출근해서 말씀 묵상하기, 학교에 20분 먼저 등교해서 말씀 묵상하기, 이렇게 명확한 원칙을 세워 놓는 것이 필요하다.

말씀 묵상이 지속되지 못하는 또 다른 이유는 궁극적으로 묵상을 통해서 이루어지는 하나님과의 관계 체험이 부재하기 때문이다.

하나님께서 묵상을 통해 나에게 말씀하신다는 체험, 이를 통해 내 삶이 변화되어 가는 체험이 없다면, 더불어 이에 대한 확신도 없다면 어느 순간 고민하게 된다. 이것을 지속해야 하는지 말아야 하는지 선택의 기로에 서서 깊은 고민을 하게 된다.

'묵상을 통해 하나님이 나에게 말씀하시고, 그 말씀을 따라 내가 하나님의 사람으로 변화되어 가고 있는가?'

이 질문에 '네'라고 확실하게 대답할 수 있는 사람은 계속해서 묵상을 해나갈 수 있다. 묵상을 하는 가운데 은혜가 풍성한 날도 있을 수 있고, 메마른 날도 있을 수 있다. 그러나 앞선 질문에 그러하다는 확신이 있다면, 지속할 수 있는 원동력은 충분하다.

이 질문은 타인을 향한 것이기 이전에 나를 향한 질문이었다. 늘 묵상 가운데 살아온 내가 과연 묵상을 통해 하나님을 만나고, 이를 통해 삶의 변화를 체험하였는가에 대한 근원적 질문을 안고 살았다. 그러하기에 더욱 말씀을 묵상하면서 하나님의 은혜를 구했다.

"주님, 성경을 묵상할 때에 말씀하여 주시고, 저에게는 듣는 마음과 활짝 열린 영적 귀를 주옵소서. 하나님의 말씀이 나를 빚어 가기를 원합니다."

하나님은 한 사건을 통해 이에 대해 확신을 갖도록 응답하셨다. 폭풍우 속에 갇힌 예수님과 제자들 사건을 묵상하던 때였다. 당시 폭풍우 속에 갇힌 제자들은 서둘러 예수님을 불렀다. 예수님은 폭풍우를 잠잠케 하신 뒤에 제자들에게 내가 함께 있는데 어찌 두려워했느냐고 물으셨다. 이 말씀을 통해 주님이 내게 주신 메시지는 폭풍우 속에서도 주님이 함께하심을 믿고 두려워하지 말라는 메시지였다.

이 말씀을 묵상하고 마음에 깊이 새긴 다음 날이었다. 교회 업무를 마무리하고 있을 무렵, 퇴근하려던 전도사님이 다시 돌아와 나를 다급하게 불렀다.

"목사님, 지하 예배실에 물이 가득 고여 있습니다."

때는 겨울, 수도관이 터졌을 가능성이 컸다. 급히 가보니 지하 예배실에 물이 한가득 차 있었다. 슬리퍼를 신고 들어갔을 때 발목으로 물이 출렁거릴 정도였다. 살펴보니 물이 고인 곳이 그곳만이 아니었다. 식당과 선교회 방에도 물이 가득했다. 곳곳마다 물이 출렁거릴 정도로 차오르고 있었다. 원인이 무엇인지 속히 알아내어 해결을 해야 하는데 눈앞이 깜깜했다.

그때 내 마음속에 어제 묵상했던 본문이 떠오르면서 내게 주셨던 하나님의 메시지가 마음에 울렸다.

'폭풍이 오더라도 주님이 함께하시니 두려워 말라.'

차근히 생각을 가다듬으며 문제의 원인을 분석하기 시작했다. 문득 위태로웠던 수도관이 생각났다. 달려가 보니 역시 그곳이 문제였다. 서둘러 밸브부터 잠그고, 전도사님과 함께 이미 가득 차오른 물을 처리하기 시작했다.

한참 물을 퍼내고 있는데 전화가 한 통 걸려 왔다. 오랫동안 기도해 온 일이 무산될 위기에 처했다는 전화였다. 가슴이 철렁 내려앉았다. 안타까웠다. 해결할 방도가 없었다. 강한 낙심이 내 마음을 짓눌러 왔다. 그때 또다시 묵상했던 말씀이 떠올랐다.

'폭풍이 오더라도 주님이 함께하시니 두려워 말라.'

마음을 진정하고, 다시 물을 퍼내기 시작했다. 그때 또 한 통의 전화가 왔다. 집이었다. 교회 안에 사택이 있는데, 그 사택의 전기가 다 꺼졌다는 전화였다. 나는 교회에 있는 두꺼비 집의 스위치를 올렸다. 그러나 다시 내려오기를 반복했다. 그때 다시 묵상 말씀이 떠올랐다.

'폭풍이 오더라도 주님이 함께하시니 두려워 말라.'

그리고 다시 한 번 스위치를 올렸는데, 감사하게도 그대로 머물러 있었다. 나는 안도의 한숨을 쉬고는 다시 물을 퍼내러 갔다. 전도사님과 함께 꽤 긴 시간을 작업한 끝에 겨우 다 마치고, 남은 일을 정리하기 위해 목양실로 돌아왔다. 녹초가 된 상태로 맥없이 의자에 앉아 있는데 목양실 문으로 소그마한 무언가가 들어왔다. 맙소사! 새끼 쥐였다. 당시 교회 옆에 건축이 진행 중이었는데, 지면에서 15미터 아래로 땅을 파내려 가는 큰 공사였다. 그 공사 파장으로 그곳에 살던 쥐들이 도망 나와서 동네 곳곳에 퍼졌다는 소문이 있었다. 그 쥐가 바로 내 앞에, 그 시점에 나타났다. (참고로 난 쥐를 정말 싫어한다.)

속으로 중얼거렸다.

'정말 오늘 버라이어티하다. 참 가지가지 하는구나.'

그때였다. 다시 묵상한 말씀이 생각났다.

'폭풍이 오더라도 주님이 함께하시니 두려워 말라.'

말씀을 의지하며 마음을 다잡음과 동시에 현실적 대처로 쥐덫을 하나 설치해 놓고 사택에 들어갔다.

사건은 끝나지 않았다. 집에 들어와 샤워를 하기 위해 물을 틀었는데 온수가 나오지 않았다. 확인해 보니 보일러 점검 램프에 불이 들어와 있었다. 아내에게 물었지만 영문을 몰랐다. 보일러실로 가보니 물이 새면서 작동이 되지 않았다. 당시는 한겨울 영하 기온의 강추위가 몰아치던 때였다. 난방이 되지 않는 사택은 발을 딛기가 무서울 정도로 냉골이었다. 나는 어떻게든 자겠지만, 두 어린아이가 있는 상황에서 보일러에 문제가 생기니 심히 걱정이 되었다.

그때 또 한 번 주님의 말씀이 기억이 났다.

'폭풍이 오더라도 주님이 함께하시니 두려워 말라.'

묵상을 통해 주의 말씀을 듣지 않았더라면, 아마 나는 이어지는 사건 속에서 소위 '멘탈 붕괴'가 오지 않았을까 싶다. 신경은 예민해지고, 한숨이 푹푹 나오고, 마음이 갑갑한 상태로 하루를 마무리하지 않았을까 싶다.

그러나 주어진 말씀을 통해 모든 상황을 주께 맡기고 하나씩 일을 처리해 나갔다. 흔들리지 않고 주님 주신 지혜로 하나씩 처리했다.

결과를 이야기하자면, 위기에 처했던 비전은 아직도 진행 중이고,

전기는 여전히 안전하며, 쥐는 다음 날 잡혔고, 보일러가 꺼진 밤 우리 가족은 똘똘 뭉쳐 서로를 부둥켜안은 채 추위를 극복한 덕분에 감기도 걸리지 않았다. (다음 날 보일러를 교체했다.)

사실 삶에 다가오는 커다란 문제들에 비하면 얼마나 사소한 일들인가? 어찌 보면 별것 아닌 일이라고 할 수도 있다. 그러나 다른 사람에게는 사소해 보일지라도 나에게는 하나님께서 깨우침을 주려고 허락하신 일이기에 전혀 사소하지 않았다. 상황 속에 하나님의 의도가 있었기 때문이다.

아마도 이러한 에피소드를 경험함으로써 하나님께서 묵상을 통해 우리 삶에 개입하실 수 있다는 사실, 묵상에서 받은 메시지가 나의 삶과 전혀 무관하지 않다는 사실을 깨닫기 원하셨다고 믿는다.

이를 통해 내가 깨닫고 결심한 것이 있었다.

'묵상은 내 삶 속에 말씀하시는 하나님을 체험하는 통로다. 말씀 묵상은 하나님과의 관계에 우선순위를 두고 살아가기 위해 내가 꼭 붙들고 가야 하는 도구다.'

지속적으로 말씀을 묵상하기 원한다면 면밀한 점검이 필요하다. 다시 한 번 스스로에게 질문을 던져 보아야 한다.

'나에게는 하나님에 대한 갈급함이 있는가? 묵상을 통해 하나님을 체험하려는 갈급함이 있는가?'

그것이 분명치 않은가? 그렇다면 하나님의 창조주 되심, 하나님의 사랑하심, 하나님의 아름다우심, 하나님의 가치를 다시금 분명히 기억해 보라. 하나님을 향한 목마름이 있다면, 그만큼 말씀을 붙들기 시작할 것이다. 성령님께서는 말씀 묵상을 통해 우리에게 임재하실 것이고, 말씀 묵상을 통해 우리의 삶을 인도해 가실 것이다.

말씀 묵상은 하나님을 향한 갈급함의 열매이다.

- 묵상을 시작했으나 지속하지 못했던 경험이 있나요? 당시 묵상이 왜 중단되었나요?
- 당신에게 말씀 묵상은 어느 정도의 우선순위를 차지하고 있나요?
- 하나님에 대한 갈급함이 있나요? 그 이유는 무엇인가요?

말씀에 사로잡힐 때까지

성령님의 도우심 가운데 새기고 또 새기면서,
말씀의 길이 나야만 한다.

묵상을 하는 가운데 하나님이 나에게 역사하고 계시다는 사실을 체험한 또 하나의 사건이 있었다.

나는 묵상 내용이 내 삶에서 살아 역사하고 있다는 사실을 확인하고 싶었다. 내가 매일의 묵상 가운데 받은 하나님의 메시지들이 내 삶에 변화를 가져오고 있다는 확신을 갖고 싶었다. 말씀의 운동력을 경험하고 싶었다. 많은 사람의 이야기를 들어 보면, 말씀 묵상의 내용들이 자신에게 특별한 영향을 끼치지 못하는 것 같다는 고민을 토로해 온다. 이때 "말씀은 정말 능력이 있습니다. 우리의 삶을 변화시킵니다”라고 자신 있게 대답하고 싶었다.

왜 묵상을 통해 받은 하나님의 말씀이 삶을 변화시키지 못하는 것처럼 느꼈을까? 말씀이 심령 속에 새겨지기까지 시간이 필요했기 때문이다. 또한 새겨진 말씀이 행동으로 나타나기까지도 꽤나 시간이 걸렸다. 그렇기에 말씀이 내 삶에 아무 영향도 끼치지 못하는 것처럼 느껴질 수밖에 없었다.

씨앗을 땅에 심으면, 처음에는 씨앗이 자라고 있는지 잘 모른다. 그러나 물과 양분을 주며 시간을 보내면, 씨앗은 결국 자신의 모습을 드러낸다. 하나님의 말씀도 이와 같다. 하나님의 말씀이 묵상을 통해 우리 안에 심겨질 때는 앞으로 삶에 미칠 말씀의 영향력을 미처 깨닫지 못한다. 그러나 꾸준히 그 말씀을 묵상하고 삶에서 붙들기 시작하면, 그 말씀은 한 사람의 가치관을 바꾸고 생각을 바꾸고 삶에 대한 태도를 바꾸고 말과 행동을 변화시킨다.

분명한 확신은 이것이다. 꾸준히 하나님의 말씀 아래 살아간다면, 그 말씀은 반드시 우리 안에서 역사하기 시작한다는 사실이다.

내 경험에 비추어 보고, 다른 사람들의 이야기를 들어 보아도, 말씀 묵상이 하루 이틀 만으로는 그리 티가 안 난다. 말씀이 내 안에 새겨졌는지 안 새겨졌는지 알지도 못한다.

어느 날은 말씀 속에서 깊은 은혜를 체험하는 경우도 있다. 이전에 몰랐던 사실을 깨닫는 순간도 있다. 세상이 줄 수 없는 큰 위로를 받기도 한다. 하나님의 새로운 성품을 알게 되기도 한다. 하나님이 성경을 통해 내게 강력하게 말씀하심을 실감하게 되기도 한다. 처한 상황 속에서 매우 시의적절한 말씀으로 감동을 받기도 한다.

하지만 일상생활 속에서 매일의 말씀이 나에게 얼마나 영향을 주는가를 생각해 보면 기대보다 크지 않다. 매일 삶의 지축이 흔들리고, 날마다 회개와 회복의 역사가 일어나는가? 그건 아니다. 내 삶의 몇 가지 영역에서 말씀을 구체적으로 적용한다고 하지만, 삶의 전반적인 성향이 바뀌어 가고 있는지는 분명치 않다.

이때 우리는 진지하게 질문하게 된다. '묵상이 나에게 정말 효용성이 있는가?'

요즘같이 즉시 효과를 보기 원하는 시대에 말씀 묵상은 유행에 뒤떨어진 작업이다. 기다림이 꽤나 필요한 작업이기 때문이다. 그렇기에 지루하고, 우선순위에서도 밀려나곤 한다. 나 역시 그러했다.

그러나 시간이 지나고 난 뒤 묵상이 무의미한 것이 아님을 깨닫게 되었다. 무의미하게 여겨졌던 매일의 묵상이 참으로 귀중한 것이었음을 깨닫게 되었다.

매일 말씀을 묵상하며 하나님의 음성을 구했다. 주어진 메시지를 심령에 새기기 위해 분투했다. 그런데 말씀이 마음에 새겨지는 것 같지도 않고 그저 무의미해 보였다. 어떠한 상황 속에서는 여전히 내 성질대로 행동하고 있었고, 보람친 일들보다는 후회할 만한 일들을 하기 일쑤였다. 말씀은 나를 변화시킨 증거를 보여 주기보다 회개할 거리만 던져 주기 위해 다가오는 것 같았다.

그런데 시간이 흐른 뒤에야 깨닫게 된 사실이 있다. 그동안 흩날려 버리고 있는 것만 같았던 하나님의 말씀들이 조금씩 내 심령에 새겨지고 있었다는 점이다. 새겨지는지도 모른 채 매일 묵상한 말씀이, 어느 날 보니 심령 깊숙이 새겨져 있음을 발견하게 된 것이다.

시편 묵상을 할 때였다. 시편 안에 다양한 종류의 시가 있기는 하지만, 간구와 탄원의 시가 연속해서 묵상 본문으로 나올 때가 있었다. '하나님, 악인에게서 나를 구원하여 주옵소서.' 곤고한 상황 속에서 구원의 하나님을 의지하는 비슷한 내용의 시들이 이어졌다.

어제가 오늘 같고, 오늘이 내일 같고, 다 거기서 거기에 머무는 것처럼 느껴졌다. 그럼에도 계속해서 구원의 하나님을 마음에 새기고 또 새기고 또 새겼다. 어떠한 때는 어제와 똑같은 본문을 읽고 있는 건 아닌지 착각이 들기도 했다.

그러던 어느 날, 삶의 곤고를 느꼈다. 위기가 찾아온 것이다. 그때 나는 나의 새로운 모습을 발견했다. 하나님을 불러야겠다고 의식하기도 전에 구원의 하나님을 부르는 나의 모습 말이다. 그전에는 어려운 상황 속에서 인간적인 지혜를 먼저 의지하기도 했다. 그러나 어려움이 왔을 때, 인간적인 지혜를 먼저 구하기보다 하나님의 이름을 먼저 부르는 나의 모습을 발견하게 되었다. 기도의 자리로 겸손히 나아가는 모습을 발견하게 된 것이다.

그 모습을 확인하면서 말씀의 위력을 실감할 수 있었다. 하나님께서 매일 내 마음속에 자신의 말씀과 삶의 원리를 새기고 계셨음을 알 수 있었다. 이는 성령의 역사하심이었다.

말씀을 묵상하며 지낸 덕분에 자연스럽게 말씀대로 반응하게 된 나를 발견하며 그제야 비로소 깨달았다.

'아, 이 말씀이 내 안에 새겨졌구나.'

말씀 묵상이 계속됨에 따라 점점 내 삶이 변화되어 가는 것을 느꼈다. 미처 깨닫지 못한 순간에 말씀의 원리가 내 삶을 주장하고 있음을 느낄 수 있었다. 말씀 묵상은 나를 인도하시는 성령님의 좋은 도구가 되었다.

매일의 삶에서는 새겨지는지도 모르고 그저 묵상했는데, 후에 보니 매 순간 심령에 새겨지고 있었던 것이다. 시간이 지날수록 그 말씀이 내 삶에 큰 영향력을 줄 만큼 선명히 새겨져 있었다. 새겨진 말씀은 삶에 영향을 끼치기 시작했다. 중요한 선택의 순간에 새겨진 말씀이 영향을 발휘하기 시작했다.

우리의 생각도 마찬가지다. 우리에게는 '생각의 길'이 있다. 한 번 낙심하고, 두 번 낙심한 사람의 마음에는 낙심의 길이 생긴 탓에 다가오는 대다수의 사건에 낙심으로 반응하게 된다. 그 길은 하루아침에 뚫리는 것이 아니다. 오랜 시간에 걸쳐 뚫린 길이다. 그러한 길을 폐하고 새로운 길을 뚫기 위해서는 그만큼의 시간이 필요하다. 산에 나 있는 길도 인공적으로 조성한 것이 아닌 이상 매일 여러 사람이 지나갔기 때문에 생긴 것이다. 새로운 길이 나려면 많은 사람이 그만큼 같은 길을 계속 가야 한다.

타락한 세상에서 살아가는 동안 우리의 심령 속에 새겨졌던 생각의 길은 무엇일까? 하나님 중심의 생각은 아닐 것이다. 하나님의 말씀은 아닐 것이다. 세상의 문화 속에서 듣고 보고 읽은 대로 우리에게 세속적인 생각의 길이 나 있었을 것이다. 그런 우리에게 하나님 중심적인 생각의 길이 나게 하려면 하루 이틀 묵상하는 것만으로 충분할까? 아니다. 성령의 도우심 가운데 말씀을 새기고 또 새김으로써 말씀의 길을 내야만 한다. 그 과정을 거쳐야만 하나님의 말씀이 내 삶에 역사하기 시작한다.

말씀 묵상이 계속되면 심령에 새겨진 말씀들이 생명력을 가지고 역사하기 시작한다. 죄의 유혹 앞에서 묵상했던 말씀이 떠오른다. 선택의 순간에서 지혜로운 삶을 살라던 잠언 말씀이 생각난다. 말씀을 따라 살라던 모세의 외침이 생각난다. 삶의 한계점 속에서 구원의 하나님을 붙들던 다윗의 외침이 생각난다.

내 안에 새겨진 말씀들이 나의 삶을 인도하기 시작했다. 하나님은 그 말씀들로 나를 이끌기 시작하셨다. 말씀을 통해 내 안에 역사하시는 하나님의 일하심을 마주하게 되었다.

하나님의 사람으로 살기를 원하는데 생각처럼 잘되지 않는 경우가 있다. 그렇다. 우리에게는 다 연약함이 있다. 그럼에도 하나님이 우리에게 명하시는 일에 믿음으로 순종함이 필요하다. 그 뒤에는 열매가 따른다. 하나님께서 괜히 순종을 명하시는 것이 아니기 때문이다. 그 일이 바로 말씀 묵상이다.

하나님은 매일의 묵상을 통해서 우리에게 말씀하신다. 또한 그 말씀이 우리의 삶에 필요할 때에 우리 안에서 생각나게 하신다. 더불어 우리로 하여금 그 말씀에 사로잡히게 하신다. 결국 우리는 하나님의 말씀을 따라 살아가는 하나님의 사람이 되어 간다.

신앙생활은 인스턴트 음식이 아니다. 간편하게 조리해서 먹을 생각으로 신앙생활을 하면 쉽게 무너진다. 매일 말씀을 붙잡고, 성령의 도우심을 구하며 걸어가야 한다. 하나님의 사람은 한 번의 카운터펀치를 노리는 자가 아니라 지속적으로 잽을 날리는 사람이다. 지속적인 잽을 통해 스트레이트의 기회가 열리길 기다리는 사람이다

하나님의 사람은 매일의 정성 어린 말씀 묵상과 새김을 통해 세워진다. 그러한 사람은 하나님 앞에 남겨질 삶의 역사를 써가게 된다. 시간이 오래 지난 후에 말씀 묵상을 통해 하나님 앞에 남겨질 삶의 역사를 써가려는 사람이 가장 지혜로운 사람으로 드러날 것이다.

- 하나님의 말씀이 나를 이끌었던 경험을 떠올려 보고 하나님께 감사를 드립시다.
- 지속적으로 성경 말씀을 묵상하기 위해 삶의 원칙을 세우고 주변에 선언하십시오. 언제 어디서 얼마 동안 매일 말씀 묵상에 헌신하겠습니까? (ex. 30분 일찍 회사에 출근하여 나의 책상에서 15분간 묵상하기)

두루 읽고 깊이 새기기

성경 통독과 묵상이 함께 병행될 때,
하나님의 뜻이 분명히 분별된다.

하나님의 말씀을 묵상하는 삶을 살면 하나님 앞에 남기는 삶을 살게 된다. 그만큼 묵상이 중요하다. 그러나 묵상만큼 중요한 것이 성경 통독이다. 성경 통독도 크게 보면 묵상에 속한다. 단 짧은 구절을 두고 깊이 생각하는 것이 아니라 긴 호흡으로 성경을 순차적으로 읽어 나가며 묵상하는 것이 조금 다를 뿐이다.

사람마다 은혜를 받는 통로가 다르다. 하나님이 각 사람에 따라 그에 맞는 은혜를 베푸시기 때문이다. 인격적 성향, 처한 환경, 고민, 영적 성장도에 따라 다양한 방법을 통해 한 사람을 성장시키신다.

하지만 이토록 다양한 하나님의 방법을 생각지 않고 자신이 은혜 받은 방식만을 고수할 때 문제가 발생한다. 통독으로 은혜를 경험한 사람들은 통독만이 하나님의 은혜를 경험하는 방식이라고 말한다. 반면에 묵상으로 은혜를 받은 사람들은 쭉 읽어 가는 것보다 한 문장이라도 깊이 묵상하는 것이 은혜를 경험하는 방식이라고 말한다.

나의 경험에 따르면, 통독과 묵상은 우위를 견줄 만한 것이 아니다. 통독과 묵상은 한 사람을 세우는 데 협력하는 여러 가지 방법 중 하나일 뿐이다.

나는 사실 묵상보다는 통독을 통해 먼저 은혜를 경험했다. 신학교에 들어갔지만 그전까지 제대로 된 통독을 해본 적이 한 번도 없었다. 이것이 1학년 내내 마음에 부담이 되었다. 신학생이고 앞으로 목회자가 되어야 할 사람인데 성경을 한 번도 읽어 본 적이 없으니 뭔가 큰 하자가 있는 것처럼 느껴졌다. 물론 그것은 말 그대로 하자였다.

그러던 중 성경 통독에 목숨을 걸게 된 계기가 있었다. 2학년 설교학 수업 때였다. 당시 설교학 교수님께서 학생들에게 설교자가 되려면 적어도 성경 30독은 해야 하지 않겠냐고 권면하셨다. 그러면서 성경에 관한 책들을 많이 보기 전에 성경 자체를 많이 보라고 하셨다. 이것이 나에게 강력한 도전이 되었다. 교수님의 말씀이 곧 하나님이 하시는 말씀처럼 우레와 같이 내 마음에 울려 퍼졌다.

후에 교수님께 당시 말씀이 저를 바꾸었다고 말씀드렸더니, 교수님은 '내가 그런 말을 했어?'라며 기억이 나지 않는다는 듯이 농담처럼 말씀하셨다. 그로 인해 나는 더욱 확신했다. '교수님은 기억나지 않으

시는데 나는 분명히 기억하는 것을 보니, 하나님께서 교수님의 입술을 통해 나에게 말씀하신 것이었구나!'

어찌되었건 그때부터 미친 듯이 성경 통독을 하기 시작했다. 학부 4학년 전까지 약 15독을 했다. 물론 10독부터는 숫자를 세지 않았기에 이후의 정확한 통독 횟수는 모른다. 숫자를 세지 않은 이유는 다음과 같다. 10독을 할 때쯤 나는 굉장한 자부심에 부풀어 있었다. 그때 하나님께서 내 심령에 말씀하셨다.

"통독 횟수로 다른 사람들에게 인정받기 위해 성경을 읽느냐?"

나에게 그런 마음이 생겼음을 알았기에 그 후부터는 성경 통독 횟수를 세지 않았다. 그때부터는 그냥 읽었다.

성경을 통독하면서 받는 느낌은 성경을 묵상하면서 받는 느낌과 조금 다르다. 이는 등산에 비유하여 설명할 수 있다. 통독은 산 정상까지 빠르게 올라가는 등산법이다. 주변 경관 둘러볼 겨를 없이 무조건 빠르게 올라가는 것이다. 산 정상에 올라가서 산세의 아름다움을 묵상하는 등산법이다. 반면 묵상은 빠르게 올라가지 않는다. 산을 오르는 동안 길가의 꽃과 나무도 보고, 지나가는 새들도 보고, 사방의 주변 경관을 다 살피며 올라가는 등산법이다. 느리긴 하지만 많은 것을 보고 가는 이점이 있다. 둘 다 동일하게 산을 오르는 방법이다. 단, 방법의 차이가 있을 뿐이다.

또 하나는 길을 익히는 방법과 비유할 수 있다. 집에서부터 교회까지 간다고 가정하면, 통독은 주요 지점만을 기억하며 가는 방법이다. 주변에 있는 여러 상점은 무시하며 지난다. 큰 병원이나 대형마트

등 몇몇 큰 건물만을 머릿속에 집어넣고 교회에 가는 길을 익히는 방법이다. 여러 번 가다 보면 다른 상점들도 보이고 점차 익숙해진다. 그러나 처음부터 그렇게 익히지는 않는다. 반면 묵상은 한 번 갈 때 주변 길과 상점들을 다 기억하며 가는 방식이다. 그래서 한 번에 그 길을 익숙하게 익히는 방법이다. 방법의 차이가 있을 뿐이지 둘 다 길을 익히는 방법이다.

이와 같이 성경 묵상과 통독은 동일한 성경, 즉 하나님의 말씀을 누리고 익히는 방법들이다. 성향과 필요에 따라 먼저 하게 되는 것이 있을 뿐이다. 이를 둘 다 함께 이루어 갈 때 더 큰 은혜를 누릴 수 있다.

성경 통독과 묵상이 병행될 때 하나님의 뜻이 분명히 분별된다. 묵상을 할 때 세세한 부분에 집중하다 보면 성경 전체를 통해 말씀하시는 하나님의 뜻과 충돌될 때가 있다. 한편 성경 통독만을 하다 보면, 말씀 한 구절 한 구절을 음미하면서 그 말씀을 마음에 새기고 삶에서 실천하는 것은 상대적으로 약화될 수 있다.

이 두 가지가 조화된다면 한 말씀을 통해서 성경 전체를 조망할 수도 있고, 성경 전체를 보면서 한 말씀으로 정리할 수도 있다. 이렇듯 통독과 묵상은 하나님의 사람을 세워 주는 귀한 성경 읽기의 도구들이다.

묵상과 더불어 통독을 했을 때 누리는 개인적인 유익이 있었다.

통독을 하고 나니 신학 공부가 재미있어졌다. 나는 사실 신학 자체에 별로 흥미를 느끼지 못했었다. 그런데 성경을 통독하고 나서야 그 이유를 알았다. 내가 성경 자체를 잘 몰랐기 때문이었다. 그래서 성경을 해석하고, 이를 기반으로 하나님에 대한 지식을 조직하고, 어떻게 실천해야 하는지에 대해 밝히는 신학이 재미가 없었던 것이다. 그런데 성경 통독을 충분히 하고 나니 이런 모든 일이 기가 막히게 재미있어졌다. 이전에는 신학 공부보다는 교회에서 섬기는 일을 더 좋아했는데, 통독을 하고 신학 공부에 재미를 붙이면서 둘 다 좋아하게 되었다.

내가 읽은 성경 내용을 사람들은 어떻게 해석했는지 살펴보는 것이 흥미로웠다. 성경의 중심 주제별로 다시 보고, 이것을 현실에서 어떻게 적용시켜 가야 하는지 살펴보는 것이 참 재미있었다. 1학년부터 다시 수업을 듣고 싶은 마음이 들 정도였다. 교회를 섬기는 사명의 문제와 가족의 생계만 해결된다면, 산속에 들어가서 성경과 신학 책만 쌓아 놓고 오래도록 독서 삼매경에 빠져 있고 싶다는 생각도 했다.

나는 통독을 하면서 신학에 빠져드는 유익을 얻었다. 일반 성도들이라면 어떨까? 일반 성도들이 성경 통독을 하면, 이제껏 흘려듣던 설교가 귀에 쏙쏙 들어오는 유익이 있을 것이다. 나는 교회에서 주로 강해 설교를 한다. 주일 설교를 제외하면, 책을 한 권 정해서 설교하는 식이다. 그런데 교우들로서는 성경 전체에 대한 흐름과 성경의 전체적인 메시지가 익숙하지 않다 보니 여러모로 어려움이 따랐으리라고 본다. 배경적으로 성경 전체의 이야기를 알아야 하는 본문에 있어서는 답답했으리라. 그래서 주일 오후에 성경 전체 이야기를 나누기로 결심했다. 그 시간에 성경의 전체적인 스토리와 의미들을 간략하게 나누고, 책별로 요약해서 성경의 내용들을 설명했다. 이를 듣고 난 후 강해 설교가 더 잘 이해가 된다는 이야기를 성도들로부터 꽤 들었다. 전체를 알고 부분을 보니 이해하기가 더 쉬워졌을 것이다.

통독은 묵상에도 유익을 준다. 성경 통독 전에도 나는 묵상을 해 왔다. 당시 나는 선교단체에서 만든 묵상집을 통해 묵상을 하고 있었다. 그러나 성경의 전체적인 흐름을 모르는 상태에서 매일 묵상을 하는 것이 쉽지 않았다. 그러나 성경 통독을 하고 나서는 달라졌다. 오늘 묵상하는 말씀이 성경 전체에서 어디에 해당하는지를 알고, 전후 상황에 대해서 충분히 인지하고 있으니 본문을 보는 시야가 더 넓어졌다. 또한 성경 전체를 관통하는 메시지를 이해한 덕분에 한 구절에 얽매여 하나님에 대해서 오해하거나 곡해하는 경우가 줄었다. 전체를 보는 시각으로 부분을 보고, 부분을 보며 전체를 조망해 볼 수 있었다.

물론 묵상은 성경 통독을 통해 성경 지식이 많아졌다고 해서 잘하거나 못하는 것은 아니다. 성경 묵상은 하나님과 성도 개인의 친밀한 교제와 하나님을 향한 진실한 마음가짐 속에 이루어지는 과정이다. 이것이 핵심이다. 그러나 통독을 통해 묵상할 본문을 보는 시야가 넓어진다는 것만은 사실이다.

묵상을 함에 있어 답답함을 느끼고 있다면, 묵상을 더욱 풍성하게 하고 싶다면 나는 통독을 추천한다. 묵상에 통독을 더해 보길 권한다. 그리하여 성경을 통해 우리에게 말씀하시는 하나님의 음성을 더 분명하게 깨닫고, 그분과 동행하는 삶을 살아가기를 바란다.

- 성경 통독을 하게 된다면 어떠한 유익이 따를 것 같은가요?
- 성경 통독 경험이 있다면 어떠한 유익이 있었는지 생각해 보십시오.

'성취'가 아닌 '사귐'

통독과 묵상의 궁극적인 목적은 '사귐'이다.
일상 속에서 하나님의 말씀과 동행하는 사귐의 시간이다.

나는 통독과 묵상을 통해 많은 유익을 얻었다. 무엇보다 하나님의 말씀이 내 삶에 역사하는 것을 느꼈다. 그러나 이 길을 걸어감에 있어 각별히 유의해야 할 부분이 있다. 성경을 통독하고 묵상하는 일의 '목적'이 변하지 않아야 한다.

다양한 방법을 통해 성경을 읽는 이유가 무엇인가? 하나님과 교제하기 위함이다. 성경을 통해 말씀하시는 하나님의 음성을 듣기 위함이다. 우리가 성경을 읽는 이유는 하나님과 관계 맺기 위해서이다.

이것을 분명히 해야 할 필요가 있는 이유는 쉬이 관계를 무시하고 일과 업적, 성취로 대체하려는 그릇된 성향이 누구에게나 있기 때문이다.

한창 성경 통독에 몰입해 10독을 마치고 11독째에 돌입할 때였다. 당시 내 친구에게 성경 10독을 마쳤다고 이야기를 했다. 그러자 그 친구가 내게 말했다.

"야, 지금 우리 또래 중에 성경 10독한 사람 찾기 어려울걸. 너 정말 대단하다."

격려하는 마음에서 해준 이야기였겠지만, 친구의 그 말을 듣는 순간 내 마음에 그릇된 씨앗이 하나 떨어졌다.

'역시, 나는 대단해. 내 주변에서 성경 10독한 사람 찾기 어렵지. 나는 특별한 그리스도인이야. 남들보다 뛰어나다고!'

각별히 신경 쓰지 않았더라면 그 생각의 씨앗이 내 안에 뿌리내리고 싹을 틔울 뻔했다. 성경 통독의 시간이 하나님과 함께한 데이트 시간이 아니라 나 홀로 쌓은 업적이요, 성취로 전락할 뻔했다. 성경을 읽어 가는 과정은 하나님과의 교제의 시간임과 동시에 내면의 싸움이 시작되는 시간이기도 하다. 그러하기에 성경을 읽는 목적을 분명히 세우고 의식하지 않으면, 하나님과의 깊은 교제를 위해 시작한 것이었을지라도 어느 순간 하나님 앞에 벽이 만들어질 수 있다.

묵상 모임을 할 때도 마찬가지였다. 묵상 모임을 위해서는 일주일간 각자 말씀을 묵상해 와야 했다. 모임에서는 각자 일주일간의 묵상 중에서 돌아가면서 두 가지 정도의 말씀을 나누었고, 나눔을 마친 후 기도 가운데 교제하는 시간을 가졌다.

모임을 진행하다 보면, 일주일 동안 각자의 자리에서 묵상을 하지 못한 사람들이 있었다. 저마다 이런저런 사정이 있어 묵상을 해오지 못하는 것이다. 나는 당시 모임의 리더였다. 나는 리더로서의 책임감이나 자존심 때문에 묵상을 최우선 순위에 놓고 하루도 빠짐없이 묵상을 했다. 그러나 모임에 가보면, 그렇게 한 번도 빠지지 않고 묵상을 한 사람이 생각보다 많지 않았다. 인간의 연약함이었을 수도 있지만, 대부분 그러했다. 그럴 때마다 내 안에 드는 생각이 있었다.

'역시 나는 하나님의 사람이다. 다른 사람은 툭하면 묵상을 빼먹고 안 하는데 나는 매일 묵상을 충실히 했잖아. 역시 나는 대단해.'

일주일간 빼먹지 않은 성경 묵상이 나를 남들보다 좀더 나은 사람으로 착각하게 만드는 그럴듯한 업적이 되어 버렸다. 성경 묵상이 하나님과의 만남과 교제를 위한 도구가 아니라, 나를 남들보다 더 나은 그리스도인이 되게 만들어 주는 도구로 전락했다. 매일 성경 묵상을 해왔던 것도 하나님을 사랑하는 마음 때문이 아니라 리더로서의 책임감이 동기가 되는 경우도 많았다.

후에 기도의 자리에서 나는 이와 같은 마음의 경향성을 발견하고, 이를 경계해야겠다고 마음먹었다. 내가 성경 묵상을 내세워 남들보다 나은 그리스도인이라는 교만한 마음을 가지게 된다면 성경을 읽은 것이 무슨 의미가 있겠는가? 성경은 끊임없이 겸손을 강조하는데, 성경을 읽음으로 인해 도리어 마음이 교만해진다면 이는 성경을 잘못 사용한 것이다.

모든 영성 훈련이 다 그렇지만, 하나님과의 관계에 초점을 맞추지 않는다면 이는 교만의 빌미가 될 수 있다. 52주 주일성수한 것이 교만의 이유가 될 수 있고, 특별새벽기도회에 빠지지 않고 참석한 것이 교만의 이유가 될 수 있고, 40일 금식한 것이 교만의 이유가 될 수 있다. 묵상과 통독도 마찬가지다.

모든 영성 훈련의 기본은 하나님과의 관계 맺기다. 하나님과 관계를 맺어 가며 하나님의 뜻을 따르고, 하나님의 성품을 닮아 가는 것이 영성 훈련의 열매다. 만약 이것을 염두에 두지 않고 하나님과의 관계 맺음을 목적에 두지 않는다면, 이는 반드시 개인의 성취와 업적으로 남게 될 것이며 한 사람을 교만에 빠지게 할 것이다. 그동안 했던 것이 영성 훈련이 아니라 실상 교만 훈련이었다고 봐도 무방하다.

영성 훈련으로 인해 한 사람이 교만해지면, 그 마음으로 인해 뒤따라오는 부수적인 죄악이 있다. 그것은 타인을 무시하는 죄다.

나는 영성의 다양성을 존중한다. 각 사람에게 맞는 영성 훈련이 있다고 생각한다. 모든 사람에게 하나님과 관계를 맺는 기본적인 틀은 있어야 하나, 개개인마다 특별히 더 잘 맞고 선호하는 도구들이 있음은 사실이다. 누군가는 말씀을 통해 주님과 교제하는 것이 잘 맞고, 누군가는 오랜 기도 시간을 통해 교제를 한다. 누군가는 삶의 현장에서 섬김을 통해 주님의 마음을 배우는 경우가 있고, 누군가는 경건 서적을 통해서 주님을 알아 가는 경우도 있다. 각 사람의 영적 형편이나 성장도에 따라서 그 방법이 다양하다.

그러나 자신이 행한 일이 하나님과 관계 맺기 위한 일이 아니라 내가 쌓은 영적 업적으로 여겨질 때 교만이 싹튼다. 교만한 마음은 자신과 똑같이 하지 않은 대상을 향해 무시하는 마음을 생산해 낸다. 더불어 자신이 귀하게 여기는 일을 자신보다 좀더 잘한 사람에 대해 시기와 질투의 마음을 가지게 된다.

이는 다른 누구에게서 발견한 마음이 아니다. 바로 내 안에 있던 마음들이다. 도대체 왜 이런 마음이 생겼을까? 귀한 도구들을 통해 하나님과 귀한 사귐을 가졌음에도, 왜 뒤돌아서서 이런 마음을 품게 된 것일까? 그 이유는 죄로 기울어지기 쉬운 인간의 경향성을 빼놓고는 딱히 설명하기가 어렵다.

중요한 것은 이유보다 해결이다. 내가 얼마든지 이런 그릇된 마음을 품을 수 있는 사람임을 기억하고, 이를 어떻게 대처하고 경계해 나갈 것인지가 중요하다. 이는 통독과 묵상을 이어 나가면서 우리가 마주하게 될 내면의 비밀한 곳에서 일어나는 싸움들이다. 물론 다른 영성 훈련에서도 마찬가지다.

이를 해결하기 위한 방법은 모든 영성 훈련이 업적이나 성취가 아니라 하나님과의 관계임을 기억하는 일이다. 모든 영성 훈련은 하나님의 임재 가운데 하나님과 교제하기 위한 도구임을 기억해야 한다. 도구보다 중요한 것은 도구를 통해 만나는 대상, 곧 하나님이다.

사랑하는 사람과 데이트를 하고 나면 사랑하는 사람만이 기억에 남아야 정상이다. 그러나 사랑이 식으면 대상은 잊히고 데이트를 위해 본 영화, 그날 먹은 맛있는 음식만 기억난다. 이는 영성 훈련이 사랑의 관계를 벗어날 때 일어나는 일들이다.

이를 의식적으로 경계하기 위해서 말씀을 대할 때 기도하며 질문해야 할 것이 있다. 말씀을 지식적으로 섭취하지 말고 '주님 이 말씀을 통해 제가 깨닫기 원합니다. 주님이 주시는 깨달음을 주옵소서. 주님, 이 말씀들을 통해서 저에게 무엇을 알려 주길 원하십니까?' 이와 같은 기도와 질문을 드려야 한다. 이 기도와 질문이 넘어지기 쉬운 우리의 영혼을 보호한다.

통독과 묵상의 궁극적인 목표는 '사귐'이다. 일상 속에서 하나님의 말씀과 동행하는 사귐의 시간이다. 하나님의 말씀을 통해 주의 마음을 배우고, 주님의 길을 알고, 주님의 음성을 듣고, 주님의 인도하심을 따르는 것을 추구해야 한다. 이것을 마음의 중심에 두고 말씀을 대할 때, 우리 안에 교만은 발을 붙이지 못할 것이다. 대신 주님을 닮아 가는 아름다운 삶의 흔적들이 남겨질 것이다.

- 사람을 만날 때 무엇을 가장 가치 있게 여기나요? 하나님과의 관계에서는 무엇을 가장 가치 있게 여기나요?
- 하나님과의 관계를 위한 영적 훈련 중 업적의 유혹에 빠진 적은 없는지 생각해 보고, 그 결과가 어떠했는지 돌아보십시오.

말씀과 같이 걷는 삶

하나님의 말씀에 의해 하나님과 합하지 않은 나의 삶이
쪼개지는 역사가 일어나야 한다.

신앙생활은 주를 내 삶에 온전히 모시는 영적 여정이다. 하나님 앞에
가치 있게 남는 삶이 무엇일까를 두고 고민한 끝에 내린 결론이 있다.
하나님의 주 되심을 온전히 이루는 삶이다. 하나님이 참으로 주인 되
셔서, 그의 뜻과 그의 말씀에 사랑으로 순종한 역사를 남기는 삶이다.
이를 마음속에 새기고, 어떻게 그러한 삶을 이루며 걸어갈 수 있을까
를 고민했다.

그 첫 번째 해답은 하나님의 말씀과 동행하는 삶이었다. 하나님
을 알지 못하는데 어찌 그 뜻을 헤아려 순종할 수 있을까? 하나님이

어떠한 분인지 알지 못하는데 어떻게 그분을 사랑할 수 있을까? 그분을 알지 못하는데 어떻게 그분을 의지할 수 있을까? 불가능하다. 이는 하나님의 말씀을 통해 가능하다. 하나님의 말씀과 동행할 때 가능한 것이다. 하나님의 말씀과 동행하는 삶은 주어진 성경 말씀과 함께하는 것에서 시작된다.

하나님과의 사귐에 있어서는 그 무엇보다 하나님의 자기 계시가 필요하다. 하나님께서 자신을 드러내 보여 주시는 섬김이 필요하다. 하나님은 인간의 지혜와 지식으로는 도저히 알 수 없는 크신 분이다. 그러하기에 우리가 알 수 있는 분량 안에서 자신을 드러내 주시는 그분의 낮아짐이 요구된다.

이를 위해 신비한 방법으로 그분을 알게 해달라고 산에 올라가서 백일기도를 드릴 필요는 없다. 하나님께서 이미 역사 속에서 자신을 계시하셨기 때문이다. 이는 하나님의 아들 예수 그리스도가 오셨을 때 가장 충만하게 드러났고, 더불어 성경을 통해 우리에게까지 하나님의 자기 계시에 해당하는 진리들이 주어졌다.

하나님의 말씀과 동행하는 삶은 신비적인 방법을 찾기 이전에 계시된 말씀을 살펴봄으로써 시작하는 삶이다. 그 말씀을 충분히 이해하고 삶에 새기는 것이 먼저다. 이 일에는 성령님의 역사가 절대적으로 필요하다.

성령님께서 행하시는 신비한 체험적 역사를 추구하기 이전에 이미 주어진 계시를 분명히 이해하고 내 것으로 삼는 것이 중요하다. 성령님은 신비한 일이 일어날 때만 역사하는 분이 아니다. 주어진 하나님의 말씀을 이해하고, 내 삶에 적용하는 데에도 역사하신다. 성령님이 없이는 하나님의 말씀이 지식적인 섭취에서 끝날 뿐이다. 그러나 성령님의 역사하심을 통해 성경에 기록된 하나님의 말씀은 내 삶의 현장 속에 울려 퍼지는 살아 계신 하나님의 음성으로 다가온다.

비로소 히브리서의 말씀이 현실이 된다.

하나님의 말씀은 살아 있고 활력이 있어 좌우에 날선 어떤 검보다도 예리하여 혼과 영과 및 관절과 골수를 찔러 쪼개기까지 하며 또 마음의 생각과 뜻을 판단하나니(히 4:12).

하나님의 말씀에 의해 하나님과 합하지 않은 나의 삶이 쪼개지는 역사가 일어나야 한다. 하나님의 말씀이 나를 읽고, 내 삶에서 거룩한 것과 속된 것을 가르는 역사가 일어나야 한다. 하나님의 뜻과 성품에 맞는 것은 살리며, 그분이 내 삶에 주인이자 인도자가 되시는 역사가 일어나야 한다.

이것을 기본으로 하되 모든 과정 속에 성령님이 허락하시는 신비한 체험과 경험들도 우리에게 선물과 같이 다가오고, 우리의 유익과 섬김을 위해 주어진다.

하나님과 동행하는 삶을 살고자 하는 갈망이 있다면, 먼저 주어진 하나님의 말씀을 성령의 도우심 가운데 묵상하고 통독하는 것이 그 첫걸음이 될 수 있다. 그것이 동행의 시작점이다.

하나님의 말씀과 동행하면 하나님 나라 백성의 삶을 향하여 나아가게 된다.

하나님께서는 말씀을 통해 우리를 하나님 나라 백성의 삶으로 인도하신다. 하나님 나라는 하나님의 말씀이 그대로 이루어지는 곳이다. 하나님의 통치가 실현되는 곳이다. 하나님은 말씀을 통해 우리가 이자리의 삶으로 나아가도록 인도하신다.

하나님이 이곳으로 우리를 인도하시는 이유는 무엇인가? 이것이 바로 우리가 하나님 앞에 남겨야 하는 가치 있는 삶이기 때문이다. 하나님이 온전히 주 되시는 삶, 바로 그 삶이 하나님 나라 백성이 살아가야 할 삶이다.

하나님의 말씀은 우리를 어떻게 하나님 나라 백성의 삶으로 인도하는가? 가르침과 책망과 격려이다.

하나님은 이스라엘 백성들을 애굽에서 불러내셨다. 시내산에서 그들을 언약으로 초대하셨다. 언약 맺기를 사모한 이스라엘 백성들에게 하나님은 자신이 누구인지 알려 주시며, 그들에게 더불어 주신 것이 있었다. 그것은 '하나님의 법'이었다. 이는 하나님의 말씀이요, 하나님의 뜻이었다.

모세는 하나님이 말씀하신 것을 가르쳤다. 그들이 하나님 나라 백성이 되도록 말이다. 그 법은 다양했지만, 단 한 가지만을 지향하고 있었다. 그것은 하나님 나라 백성의 삶이었다. 하나님을 경외함을 지향하고 있었고, 정의와 평화와 공평과 약한 자를 향한 긍휼과 섬김을 지향하고 있었다. 이를 통해 하나님은 이스라엘 백성들을 하나님 나라 백성답게 세우길 원하셨다.

그러나 이스라엘 백성들의 상황에 따라서 하나님은 그들을 다르게 대하셨다. 이스라엘 백성들이 하나님 경외함을 잊고, 우상을 섬기고, 공의와 정의와 긍휼을 잊고 살 때에 그분께서는 하나님의 사람들과 선지자들을 통해 그들을 책망하셨다.

반대로 이스라엘 백성들이 하나님을 섬기며 하나님의 뜻을 따라 사는 삶으로 돌아와 공의와 정의와 긍휼을 실천할 때, 하나님은 그들을 격려하고 그들에게 힘이 되어 주셨다.

이 모든 것이 하나님이 말씀을 통해서 이스라엘 백성을 인도하신 일이다. 가르치고 책망하고 격려하심이다.

이는 구약의 이스라엘 백성들뿐만 아니라 신약의 백성들, 나아가 우리에게도 마찬가지로 적용된다. 예수님은 이 땅에 오셔서 하나님 나라 백성들이 어떻게 살아가야 할지 분명하게 가르치셨다. 요한계시록을 보면 예수님은 일곱 교회를 향하여 교회가 그 말씀대로 살지 않을 때는 책망하시고, 그 말씀을 따라 살려고 노력할 때는 격려하시고 용기를 북돋아 주셨다.

또한 사도들이 한 일이 무엇인가? 예수님의 말씀을 가르치는 일이었다. 그 후 교회가 그 말씀대로 살 때는 격려했고, 교회가 말씀을 벗어날 때는 책망했다.

이것이 말씀을 통해 사람과 공동체를 세워 나가시는 하나님의 방법이다. 이를 통해 하나님 나라 백성이 되어 간다.

하나님 앞에 남는 삶은 하나님 나라 백성의 삶이다. 그 삶을 살아가기 위한 가장 기초적인 시작점은 하나님의 말씀이다. 하나님의 말씀을 통해 하나님을 아는 것, 그분의 뜻을 헤아리는 것이다. 그리고 성령님의 가르침 가운데 그분의 말씀을 나의 삶에 적절히 적용하며 살아가는 것이다.

말씀 위에 세워진 삶은 영원 앞에 든든하다. 그러나 그렇지 않은 삶은 하나님의 불이 임할 때 다 타버릴 것이다. 바닷가의 모래처럼 허망하게 쓸려 갈 것이다.

'나의 삶은 말씀의 반석 위에 세워지고 있는가?'

이 질문을 던져 가며 하나님의 말씀과 동행하는 삶을 살 때, 하나님은 말씀을 통해 우리를 가르치시고 책망하시고 격려하시며 하나님의 사람으로 우리를 세워 갈 것이다.

누구든지 나의 이 말을 듣고 행하는 자는 그 집을 반석 위에 지은 지혜로운 사람 같으리니 비가 내리고 창수가 나고 바람이 불어 그 집에 부딪치되 무너지지 아니하나니 이는 주추를 반석 위에 놓은 까닭이요 (마 7:24-25).

영원을 위한 한 걸음

- 하나님이 어떠한 분인지 우리는 어떻게 알 수 있을까요?
- 성경을 통해 알게 된 하나님은 어떠한 분인지 생각해 봅시다.
- 성경 묵상을 통해 변화된 점이 있나요? 앞으로 어떠한 모습으로 변화되길 바라나요?
- 매일 성경 묵상을 하기 위한 시간을 정하십시오.

3장

ABOUT PRAYER
기도

기도는 사귐이다

기도로 살고 있는가?
기도로 하나님과 실제적인 교제를 나누고 있는가?

하나님과의 동행의 시작은 말씀 청종이다. 하나님의 자기 계시인 말씀에 귀 기울이는 것이다. 그렇다면 다음 단계는 무엇일까? 그것은 기도다. 즉 자기 계시에 대한 응답이다.

하나님의 말씀을 토대로 삼아 나의 마음과 감정을 주님과 공유하며 영에 속한 삶을 살아갈 때, 하나님 앞에 가치 있는 역사를 남길 수 있다.

그동안 나는 기도에 관심을 많이 가질 수밖에 없었다. 기도는 하나님과 동행함에 있어 중요한 한 축이었기 때문이다.

기도만큼 신비한 것이 어디 있을까? 기도가 신비한 이유는 기도를 듣는 분이 하나님이시기 때문이다. 내가 하나님과 소통할 수 있다니, 참으로 신기한 일 아닌가?

한 나라의 대통령도 내 마음대로 만날 수 없다. 내 뜻을 전달하는 것조차 쉽지 않다. 그런데 하나님은 어떠한가? 죄를 회개하며 주 예수님의 십자가 공로를 의지하는 마음으로 나아가면, 우리를 만나 주신다고 약속하셨다. 우리의 기도를 들어주신다고 약속하셨다. 얼마나 신비하고 귀한 일인가?

신앙생활을 시작한 후 내게 제일 가슴 떨리고 설레는 일은 바로 기도하는 일이었다. 그리고 가장 많은 관심을 기울였던 일 또한 기도하는 일이었다.

그런데 이렇게 귀했던 기도가 목회를 하면서 제일 답답한 일이 되어 버렸다. 그 이유는 기도가 짐이 되었기 때문이다. 기도가 나에게 짐이 된 이유는 기도에 대한 나의 잘못된 생각 때문이었다. 많은 사람이 이야기한다. "기도해야 성공한다. 기도해야 능력이 나타난다." 맞는 말일 수 있다. 그런데 이 말로 인해 기도는 나에게 일을 성공시키기 위해 반드시 감당해야 할 중간 미션이 되어 버렸다.

또 하나의 이유는 그 중간 미션을 성공적으로 잘해 내기 위한 방법들이 너무나도 다양했기 때문이다. 누군가는 통성으로 부르짖어야 한다고 하고, 누군가는 침묵해야 한다고 하고, 누군가는 방언해야 한다고 하고, 누군가는 말씀을 읽어 가며 기도해야 한다고 했다. 정말 잘해 내고 싶은 기도인데 어떻게 해야 할지 모호했다. 이 사람 말을 따라야 할지, 저 사람 말을 따라야 할지 괴로웠다.

그래서 한동안 사람들과 영적 대화를 나눌 기회가 되면, 나는 늘 기도에 대해서 물어봤다. 목회자, 평신도를 가릴 것 없이 물어봤다. 나의 이 답답함을 어떻게 해소해야 할지 몰라 닥치는 대로 물어봤다.

"기도 생활 어떻게 하세요?"

덕분에 더 복잡해졌다. 세상에 다양한 사람이 있듯 하나님께 기도를 드리는 방식도 다양했다. 게다가 기도가 체험의 세계이다 보니 자신이 체험한 것을 절대 기준으로 삼는 경우도 많았다.

갈수록 혼란만 더해 가던 중 인상 깊은 책을 읽게 되었다. 바로 《사귐의 기도》다. 나는 이 책을 신학생 때 도서관에서 빌려 보았다. 당시 '사귐'이라는 단어가 내 마음을 사로잡았기 때문이다. 그러나 당시에는 이 책의 내용에 대해 깊이 묵상하지 않았다. 내 입장에서 그 이유를 생각해 보자면, 그때는 기도에 대한 갈급함이 지금처럼 강렬하지 않아서였다. 당시에는 무언가 요구하거나 통성으로 드리는 기도에 대해 긍정적으로 이야기하지 않는 인상을 받아 책 내용이 내게 약간 거리감 있게 다가왔다.

이후 시간이 흘러 목회를 하면서, 서점에 갔다 이 책을 다시 발견했다. '사귐'이라는 단어를 다시 보니 참 좋았다. 알고 보니 개정판이 나와 있었다. 두 가지 이유에서 이 책이 끌렸다.

먼저는 그 사이 내가 변했다. 늘 기도 가운데 살면서도 기도에 답답함을 느끼고 있었던 것이다. 기도의 길이 모호했다. 기도가 내게 짐이 되고 있었다. 이러한 때에 기도와 사귐이라는 단어가 다시 나의 마음을 흔들었다. 이 책을 다시 읽어야 할 것만 같은 기분이 들었다. 또 하나는 책이 변했다. 교수였던 저자가 목회 현장으로 나와 성도들의 삶의 현장 속에서 경험한 부분을 좀더 보강하여 개정판을 낸 것이었다.

그 책을 사들고 와서 단숨에 읽었다. 참 마음에 드는 책이었다. 이 책이 마음에 들었던 이유가 있었다. 기도를 '사귐'으로 정의한 것이 가장 와 닿았다. 다음의 문구는 두고두고 입안에 맴돌았다.

"기도는 하나님과 인격적으로 사귀는 것이다."

기도에 대한 잘못된 생각으로 길을 잃었던 나를 옳은 길로 단번에 인도해 준 단어 '사귐'.

그렇다. 기도는 하나님과의 사귐이다. 나는 그 단어를 통해 잊고 있던 기도의 본질에 대해서 다시 깨달았다. '사귐'은 기도를 하나님의 일을 성공적으로 감당하기 위한 중간 미션과 같이 생각하던 내 마음을 송두리째 뒤흔들어 버렸다.

기도를 사귐으로 정의하니 다양한 기도의 방법이 오히려 은혜가 되었다. 다양한 상황과 형편에 따라서 여러 가지 방법을 통해 하나님과 사귈 수 있다는 것이 큰 기쁨이 되었다.

기도를 사귐으로 재정의한 후에 나의 기도는 변했다. 먼저 기도에 대한 무거운 부담감으로부터 자유로워졌다. 기도를 잘해 내야 한다는 부담감이 사라졌다. 기도가 사랑하는 분과 사귀는 시간이라고 생각하니 그 시간이 즐거워졌다. 기도는 나에게 가슴 벅찬 일이 되었다.

다음은 기도에 대한 혼란이 사라졌다. 그동안은 깊이 있는 기도를 하고 싶어도 어떤 방식으로 기도해야 할지 혼란스러웠다. 그러나 이제는 내가 처한 상황과 환경에 따라서 다양한 기도 방법을 활용한다. 때로는 부르짖고, 때로는 조용히 내 마음을 고백하고, 때로는 침묵하고, 때로는 방언 기도를 드리고, 때로는 기도문을 쓴다. 상황과 환경에 따라 다양한 방법으로 하나님과 교제하게 되었다.

마지막으로 가장 본질적인 것은 기도를 통해 하나님과 사귀게 되었다는 점이었다. 이전의 나의 기도는 사귐이라기보다는 하나님의 옷자락을 붙잡고, 어떻게 해서든 내가 원하는 바를 얻어 내려는 '투쟁'에 가까웠다. 물론 하나님은 그러한 나의 모습도 나쁘게 보시진 않았을 거라고 믿는다. 아이를 키워 보니 자녀들이 무언가 사달라고 떼쓸 때, 아직 어려서 그렇지라는 생각이 들 뿐이지 밉지는 않다. 단지 필요를 따져 보고 사주거나 사주지 않을 것을 결정할 뿐이다.

기도를 사귐으로 정의하고 나서는 기도 시간이 투쟁의 시간이 아닌 '사귐의 시간'이 되었다. 기도를 들으시는 분을 의식하고 고려하며 나의 이야기를 털어놓고, 그분의 마음을 헤아려 보는 시간이 되었다. 마치 내 앞에 사랑하는 사람이 있는 것과 같은 따스한 시간이 되었다.

하나님 앞에 남는 삶을 살길 원한다면, 자의적인 삶이 아니라 하나님과 동행하는 삶이 필요하다. 하나님과의 동행은 기도를 통해 이루어진다. 말씀을 통해 하나님을 알아 갔다면, 기도를 통해 그분과 삶을 공유하고 함께 발걸음을 맞추어 가야 한다. 말씀을 통해서 하나님의 뜻을 깨달았다면, 기도는 이를 토대로 하나님과 실제적으로 사귀어 가면서 실생활에서 말씀을 실현해 내도록 만드는 과정이다. 이를 통해 실제적으로 하나님이 주인 되시는 삶을 걸어가게 된다.

'기도로 살고 있는가? 기도로 하나님과 실제적인 교제를 나누고 있는가?'

이것은 늘 나의 영혼을 향해 던져 보아야 할 질문이다. 기도로 사는 삶이 하나님 앞에 남게 될 것이다. 기도 가운데 하나님이 그 길을 잠잠히 인도하실 것이기 때문이다.

영원을 위한 한 걸음

- 현재 나의 기도 생활을 나의 언어로 정의해 보십시오. 내가 생각하는 기도가 아닌 현재 나의 기도 생활의 모습을 객관적으로 돌아보고 정의해 보십시오. (ex. 나에게 기도는 ○○입니다.)
- 하나님께서는 우리가 기도할 때 어떠한 모습으로 나아오길 바라고 계실까요?

말씀이 이루어지길 원한다면

말씀이 마음에 새겨지면 새겨질수록
우리는 기도하게 된다.

묵상은 하나님의 말씀을 듣는 시간이다. 하나님 자신을 우리에게 선포하시는 시간이다. 나의 삶 속에 하나님 자신의 길을 선포하시는 시간이다. 나의 삶의 영역 속에 하나님의 기준이 세워지는 시간이다.

묵상을 통해 전해진 하나님의 말씀이 우리의 삶 속에 온전히 뿌리내리게 하려면 묵상 끝에 기도해야 한다. 하나님으로부터 온 메시지에 반응해야 한다. 묵상에 기도가 더해질 때, 말씀이 삶 가운데 녹아 들어 간다.

그렇다면 묵상 후 어떠한 기도를 드려야 할까?

첫 번째는 감사 기도다.

하나님의 말씀을 묵상하면서 누리는 은혜가 있다. 묵상을 하면, 하나님의 마음을 깨닫게 된다. 그냥 읽을 때는 깊이 깨닫지 못한다. 그러나 말씀을 곱씹어 읽으면 드러난 말씀 이면에 숨겨진 하나님의 마음을 만난다. 드러난 사건 속에 숨겨진 하나님의 마음을 깨닫게 된다. 이때 우리가 드릴 수 있는 반응은 무엇인가? 감사다.

감사는 사랑과 헌신으로 이어진다. 감사하기에 사랑하게 되고 헌신하게 된다. 복음 신앙은 두려움이 아니라 감동에서 시작한다. 심판에 대한 두려움은 일시적으로 우리를 움직이게 한다. 그러나 사랑에 대한 감동은 영속적이다.

한때 부흥회 때마다 '지옥 설교'를 전하는 목사님이 계셨다. 그분의 천국과 지옥 간증은 카세트테이프로 제작되어 많은 사람에게 배포되었다. 나의 친구는 불신자였는데, 한 전도자에게서 받은 테이프를 호기심에 틀었다가 그의 간증에 깜짝 놀라고 말았다. 그 주부터 친구는 교회를 나가기 시작했다. 지옥에 대한 두려움이 그를 엄습했기 때문이다. 그러나 그는 이내 교회 출석을 그만두었다. 세상의 일들 속에 두려움이 잊혔기 때문이다.

두려움으로 가두어 두는 신앙에는 한계가 있다. 진정한 감사와 헌신은 사랑에 대한 감동에서부터 시작된다.

사순절 때였다. 묵상집의 본문은 십자가로 향하시는 예수님에 대한 내용을 담고 있었다. 매일 십자가로 향하는 본문을 묵상했다. 한번은 예수님이 수난당하시는 장면을 읽으며 무덤덤하게 생각했다.

‘참으로 큰 고통을 받으셨구나. 수난의 길을 걸으셨구나. 얼마나 힘드셨을까?’

그때 내면에 울리는 음성이 있었다.

‘너를 위한 길이었다.’

나와 관계없는 일로 생각했을 때는 다소 무덤덤했는데, 내면의 음성을 듣는 순간 그 수난이 나를 살리기 위한 수난임을 지각하게 되었다. 예수님이 흘리신 피가 나를 향한 사랑의 실체로 다가왔다. 그 후 2,000년 전 예수님이 겪으신 수난의 길은 나와 상관없는 길이 아니라 나를 위한 길임을 알고 가슴이 뜨거워졌다. 십자가 사건에 심긴 나를 향한 하나님의 사랑을 만나게 되었기 때문이다.

가만히 있을 수 없었다. 나를 위해 자신을 드리신 예수님께 감사하며 사랑을 고백하고 헌신을 다짐했다. 예수님의 십자가 수난은 기도 가운데 헌신의 원동력이 되었다. 때때로 버거운 사역 속에 지치고 힘이 드는 순간이 찾아오면 그때 드린 감사와 헌신의 기도를 생각한다. 십자가에 나타난 하나님의 사랑을 묵상하며 기도한다.

두 번째는 회개 기도다.

하나님의 말씀이 마음에 새겨진다는 것은 하나님의 사람이 되어 간다는 것을 의미한다. 그러나 그 과정이 편하기만 한 것은 아니다. 하나님의 말씀이 마음에 새겨질수록 그 말씀대로 살지 못하는 나의 모습을 바라보게 되기 때문이다. 그때 하나님께 드리는 반응은 회개 기도를 하는 것이다.

사람들에게 용서를 구하는 말을 하기 위해서는 용기가 필요하다.

이는 하나님께도 마찬가지다. 하나님을 인격적 존재로 의식하며 나아갈 때, 그 앞에서 자신의 부족함을 낱낱이 아뢰는 일은 쉽지 않다. 용기가 필요한 일인 것이다.

그럼에도 회개 기도를 드려야 하는 이유는 회개 기도를 통해 하나님과의 관계가 회복되고 자신의 삶이 변화되기 때문이다.

잠언 묵상을 할 때였다. 하나님을 경외하는 지혜로운 사람으로 살라는 메시지가 계속되고 있었다. 처음에는 이 말씀을 마음에 받는 것이 기쁨이었다. 하나님의 말씀대로 살아가는 지혜로운 사람이 되어야겠다고 결심하는 시간이었다.

그런데 묵상할수록 마음이 괴로웠다. 그 이유는 나의 삶을 돌아볼 때 말씀대로 사는 지혜로운 자의 모습이 아니었기 때문이다. 그때 내가 할 수 있는 것은 하나였다. 회개였다. 괴로워도 진심으로 회개를 드려야 했다.

그런데 회개를 할수록 신기한 현상이 일어났다. 회개하는 죄들이 미워지기 시작했다. 처음에는 마지못해 회개를 했다. 내 마음속에는 죄를 향한 마음이 분명히 남아 있었다. 하나님을 떠날 수 없기에 드린 기도였다. 그런데 회개를 하면 할수록 죄에 대한 미움이 생겨났다. 더 이상은 그 길로 걸어가고 싶지 않았다.

우리 모두는 부족하고 연약하다. 그러나 계속해서 말씀에 비추어 자신을 바라보며 회개할수록 죄로부터 멀어지게 된다. 죄가 싫어지게 된다. 결국 죄로부터 떠나 하나님과 동행하는 삶을 살게 된다. 하나님과의 친밀함이 회복된다.

말씀을 통해 내 삶이 하나님의 말씀과 같은 궤적을 그리고 있는 지 냉정하게 점검하는 일이 필요하다. 그렇지 못한 점이 발견되고 있다 면, 그것이 하나님과의 친밀함을 막고 있는 벽임을 깨달아야 한다. 이 때가 회개하며 기도를 드릴 때이다. 그 시간 가운데 분명 하나님이 친 밀하게 다가오시며 용서의 은혜를 부어 주실 것이다.

마지막으로 간구 기도다.

하나님의 말씀이 마음에 새겨지면 갈 길이 명확하다. 그런데 그 말씀대로 살지 못하는 자신을 바라보며 회개하게 된다.

왠지 억울한 마음이 든다. 길이 명확한데 걸어갈 힘이 없다. 나아 갈 용기가 없다. 그때 우리가 매일 회개만 하며 주저앉아 있어야 하는 가? 그렇지 않다. 그 말씀이 삶에서 실현되도록 주님께 능력을 구해야 한다. 영적 권능을 구해야 한다.

하나님을 의지하라는 분명한 주님의 명령이 있다. 그런데 자꾸 머 릿속에 인간적인 방법만 생각나고 하나님을 진득하게 의지하지 못할 때 가 있다. 회개만 할 것인가? 아니다. 그때는 하나님만 의지하는 신실한 사람이 되게 해달라고 기도할 때이다. 하나님은 기도를 통해 일하신다.

사랑하라는 분명한 명령이 있다. 그러나 진정으로 사랑하지 못하 는 연약함을 본다. 마음속에 있는 시기와 질투, 높임을 받고 싶은 마음, 게으름과 마주한다. 회개만 할 것이 아니다. 사랑의 능력을 구해야 한 다. 하늘로부터 임하는 능력을 간구해야 한다. 마음을 털어놓고 내 안 에 계신 성령님께 힘과 능력을 구하면, 그때부터 하나님의 사랑이 우 리 안에 역사하기 시작할 것이다.

하나님의 말씀은 하나님의 능력으로 따라가야 한다. 하나님을 향한 모든 열망은 주의 은혜가 임할 때 현실이 된다. 이를 위해 우리는 주의 도우심을 구할 필요가 있다.

말씀을 붙잡고 간구하면 주님이 기뻐하시며 응답하실 수밖에 없지 않을까?

하나님의 말씀을 묵상하고, 그 말씀이 마음에 새겨지면 새겨질수록 우리는 기도하게 된다. 감사하고 회개하며 주님의 일하심을 더욱 간구하게 된다. 이를 통해서 하나님의 사람이 세워지기 시작한다. 성령님은 말씀과 기도라는 이 고전적인 방법을 통해서 하나님의 사람들을 세워 가신다. 말씀에 기도를 더하여 하나님 앞에 남는 삶, 이것이 성도의 푯대다.

- 대화할 때 우리는 상대에게 어떻게 반응하나요? 적극적인가요, 소극적인가요? 하나님께서는 묵상을 통해 우리가 어떻게 반응하길 기대하실까요?
- 묵상 후 어떠한 기도로 이어 갔는지 개인의 기도 경험을 돌아보시기 바랍니다.

구별된 시간, 구별된 기도

우리에게 필요한 것은 기도에 대해
우선순위를 두는 마음이다.

예수님은 성도에게 삶의 모델이 되어 주신다. 나는 예수님이 십자가에서 남기신 마지막 고백이 부럽다.

"다 이루었다."

우리가 생의 마지막에 이러한 고백을 드릴 수 있다면 얼마나 행복할까? 이 땅에서 하나님의 모든 사명을 다 이루었다고 자신 있게 고백할 수 있는 사람이 몇 명이나 될까? 후회와 아쉬움에 짓눌려 조금만 더 생을 연장해 주시길 갈망하거나, 다시 한 번 살 수 있기를 갈망하는 사람이 더 많지 않을까? 짧은 인생일지라도 나의 사명을 다했다고 고백하는 인생은 참 멋진 인생이다.

"다 이루었다."

이 고백을 통해 예수님은 하늘 아버지 앞에 남길 삶을 완성시켰음을 짐작할 수 있다. 그는 하나님을 온전히 주로 모시고, 그의 뜻을 이루는 삶을 완성시켰다. 이것이 우리가 추구해야 할 삶이 아닐까? 영원히 지니지도 못할 지상의 소유에 목을 매며 살아가는 삶보다 하늘의 뜻을 다 이루었다며 선포하는 삶이 가치 있는 삶이 아닐까?

그렇다면 예수님은 어떻게 '다 이루었다'의 삶을 살 수 있었을까? 복음서를 살펴보면 그 중심에 '기도'가 있었음을 알 수 있다. 예수님의 삶을 한마디로 무엇이라고 정의할 수 있을까? 아마 다양한 대답이 나올 것이다. 희생의 삶, 섬김의 삶, 진리의 삶 등이다. 분명한 것은 그의 삶의 한 단면은 단언컨대 기도의 삶이었다. 예수님은 기도를 통해 하늘 아버지와 끊임없이 교통하며 사셨다. 이를 통해 하나님의 뜻을 분명히 바라보고, 그 뜻을 감당할 능력을 공급받으며 사셨다.

성경 속에서 나타난 예수님의 기도의 특징은 무엇일까? 복음서를 묵상하는 가운데 발견한 예수님의 기도의 특징은 구별됨이었다. 나는 예수님이 일상 속에서도 늘 하나님의 임재 가운데 사셨을 것이라고 생각한다.

유대인들이 이로 말미암아 더욱 예수를 죽이고자 하니 이는 안식일을 범할 뿐만 아니라 하나님을 자기의 친아버지라 하여 자기를 하나님과 동등으로 삼으심이러라 그러므로 예수께서 그들에게 이르시되 내가 진실로 진실로 너희에게 이르노니 아들이 아버지께서 하시는 일을 보지 않고는 아무것도 스스로 할 수 없나니 아버지께서 행하시는 그것을 아들도 그와 같이 행하느니라(요 5:18-19).

나를 보내신 이가 나와 함께하시도다 나는 항상 그가 기뻐하시는 일을 행하므로 나를 혼자 두지 아니하셨느니라(요 8:29).

내가 내 자의로 말한 것이 아니요 나를 보내신 아버지께서 나의 말할 것과 이를 것을 친히 명령하여 주셨으니(요 12:49).

이와 같은 성경 말씀들을 보면, 하나님과 예수님은 일상에서도 굉장히 친밀한 관계를 유지하셨다. 그럼에도 예수님은 일상 중에 구별된 기도의 시간을 가지셨다.

예수께서 성령의 충만함을 입어 요단 강에서 돌아오사 광야에서 사십 일 동안 성령에게 이끌리시며 마귀에게 시험을 받으시더라 이 모든 날에 아무것도 잡수시지 아니하시니 날 수가 다하매 주리신지라(눅 4:1-2).

새벽 아직도 밝기 전에 예수께서 일어나 나가 한적한 곳으로 가사 거기서 기도하시더니(막 1:35).

이때에 예수께서 기도하시러 산으로 가사 밤이 새도록 하나님께 기도

하시고 밝으매 그 제자들을 부르사 그중에서 열둘을 택하여 사도라 칭하셨으니(눅 6:12-13).

무리를 보내신 후에 기도하러 따로 산에 올라가시니라 저물매 거기 혼자 계시더니(마 14:23).

무리를 작별하신 후에 기도하러 산으로 가시니라 저물매 배는 바다 가운데 있고 예수께서는 홀로 뭍에 계시다가(막 6:46-47).

이와 같은 말씀에서 나타나는 예수님 기도의 특징이 무엇인가? 구별됨이다. '광야', '산' 장소의 구별됨이다. '새벽', '밤이 새도록' 시간의 구별됨이다. 예수님은 장소와 시간을 구별하셔서서 특별히 기도에 헌신하셨다. 하나님과만 긴밀히 교제할 수 있도록 삶을 드리셨다. 그분의 일상의 모든 순간이 그토록 하나님과 친밀했음에도 말이다.

"기도 얼마나 하십니까?"

기도 시간에 대한 질문이 나올 때, 일정한 기도 시간을 갖지 않는 사람들이 주로 하는 말이 있다.

"저는 삶이 기도입니다."

그러나 나의 경험에 비추어 보면 특별히 구별된 기도 시간을 가지고 있지 않은 사람이 삶을 기도로 가꾸어 가기란 쉽지 않다. 충분한 기도 시간을 가지는 사람이 때에 맞는 정서와 분위기에 걸맞게 세상을 살아가며 기도하는 삶을 완성한다. 삶이 기도라는 고백은 귀하다. 하지만 구별된 시간과 장소 없이 하나님과의 사귐에 몰입하는 삶을 살지 않는다면, 삶이 기도라는 고백은 허망한 변명에 그칠 것이 분명하다.

그렇다면 누가 하나님과 동행하는 신령한 삶을 살아갈 수 있을까? 시간과 장소를 구별하는 사람이다. 구별하여 하나님과 깊이 있는 사귐을 가지는 사람이다. 예수님의 삶을 보아서도 그렇고, 목회를 하며 목격한 경험상으로도 그렇다. 더불어 나의 삶을 보아도 그렇다.

목회를 하면서 처음에 제일 염려가 되었던 것은 새벽기도였다. 전도사 때도 몇 번씩 빠지곤 했던 내가 목사안수를 받았다고 해서 갑자기 한 번도 안 빠지고 나갈 수 있을까 싶었다. 새벽기도 안 빠지게 해달라고 기도를 했을 정도니 그 부담감이 생각보다 컸던 것 같다.

사실 처음에는 의무감으로 나갔다. 그도 그럴 것이 목회자로서 새벽기도 인도를 해야 했기 때문이다. 그런데 감사한 것은 새벽기도 인도를 계속해서 의무감으로만 감당하지는 않았다는 점이다. 새벽기도의 은혜를 몸소 체험하기 시작했기 때문이다.

사실 하루의 일정이 가득할 때는 구별된 시간을 가지기가 어렵다. 그때 유일하게 집중할 수 있는 시간은 새벽이다. 그 시간만큼은 경험상 이른 장례 예배를 제외하고는 방해받지 않는 시간이었다. 그 시간에 지난날의 여러 가지 이야기를 하나님 앞에 털어놓고, 오늘의 일정을 내려놓고 주님의 뜻을 물었다. 은혜를 구했다. 답답한 일이 있어 기도가 나오지 않을 때는 한참을 힘 있게 방언으로 기도하기도 했다. 주님의 이름을 부르짖기도 했다. 처음에는 의무감이 더 컸지만, 시간이 지날수록 의무감보다는 기대감이 더 커졌다. 새벽에 일하실 주님을 기대하는 마음으로 가슴이 충만해졌다. 이 시간에 품었던 마음가짐과 정서를 통해 하루의 일과 동안 주님의 임재를 의식하며 지낼 수 있었다.

바쁜 현대인의 삶 속에서 구별된 시간을 하나님과의 사귐에 드리기란 쉬운 일은 아니다. 그러나 이 일이 우리가 하나님의 뜻을 이루어가는 데 절대적으로 필요하다면 다른 것을 희생해서라도 시간을 구별해야 하지 않을까? 모두에게 주어진 시간은 공평하다. 우리는 24시간을 쪼개어 우선순위에 따라 시간을 사용한다. 우리에게 필요한 것은 기도에 대해 우선순위를 두는 마음이다. 기도를 통해 하나님과 깊은 교제를 나누고 싶다면 구별된 마음과 시간을 갖는 것이 필요하다.

나는 새벽에 교회에 나와 기도하는 것이 제일 좋다고 생각한다. 그러나 이것이 도저히 불가능하다면 종전보다 30분 일찍 일어나서 기도를 통해 자신의 방을 기도의 성소로 만드는 것은 어떨까? 자기 전보다는 일어나서가 훨씬 좋다. 자기 전에는 피곤하여 시간을 지키지 못할 때가 많기 때문이다. 물론 자기 전에도 기도할 시간을 마련한다면 더욱 좋다.

회사나 학교에 예배실이나 자유롭게 사용할 수 있는 공간이 있다면, 조금 일찍 집을 나서 보는 것은 어떨까? 그곳에 가서 하루의 시작을 묵상과 더불어 기도의 시간으로 보낸다면, 그날은 좀더 다른 마음으로 하루를 시작할 수 있을 것이다.

일주일 중 수요일, 금요일, 주일은 집중적으로 교회에서 기도할 수 있는 시간들이다. 따로 시간을 만들지 않더라도 교회에서 베푸는 주된 시간만 활용하면 기도의 시간을 좀더 풍성히 가질 수 있다.

짧게나마 휴가를 내서 기도원이나 수도원을 찾는 것도 좋다. 그러나 시간을 내기 어려울 경우에는 평일 저녁 찬양 집회를 가도 좋다. 나 같은 경우에는 화요일이나 목요일에 선교단체에서 진행하는 찬양 집회를 찾아가서 찬양 가운데 풍성히 기도를 하고 오곤 했다.

중요한 것은 나만의 구별된 장소와 시간이다. 매일 시간을 할애하여 구별된 장소에서 기도한다면 더 좋다. 상황이 여의치 않다면, 적어도 일주일에 구별된 요일과 장소를 마련해서 기도에 헌신하는 시간을 만드는 것이 좋다. 그 시간을 통해 하나님과 깊이 있는 교제를 나눈다면, 일상 속에서 하나님과 동행하는 것은 물론 하나님의 임재 안에서 하나님 앞에 남는 삶을 살아갈 수 있을 것이기 때문이다.

영원을 위한 한 걸음

- 하나님과의 교제를 위해 구별된 시간과 장소를 마련하였나요? 만약 있다면 자신만의 시간과 장소에 대해 이야기 나누어 보시기 바랍니다.
- 일 년 중, 한 달 중, 일주일 중, 하루 중, 나만의 구별된 시간과 장소를 정해 보십시오. 믿음 안에서 교제하는 사람들에게 공개적으로 선언해 보십시오. 또한 한 해를 시작할 때, 이를 적어 놓고 영성 관리 계획을 세워 보십시오.

'척'할 필요 없다

기도에 진솔함이 있는가?
기도에 마음을 담고 있는가?

기도가 막힐 때가 있다. 성도로서는 그 순간만큼 답답할 때가 없다. 내게도 목회를 하면서 힘에 부치는 일이 엄습할 때가 있었다. 그러나 기도의 통로가 뚫려 있을 때는 힘든 줄도 모르고 신바람 나게 사역을 했다. 나와 동행하시는 하나님이 계셨기 때문이다. 반면에 힘든 일이 없어도 기도가 막혀 있으면 힘이 부쳤다. 나 혼자 떨어져 있는 것 같았기 때문이다.

기도는 하나님과의 교제다. 온전한 교제에는 주님의 임재가 있다. 그러나 주님의 임재가 사라진 기도 현장은 답답함이 남는다. 두려움이 남는다.

왜 기도가 막힐까? 나는 이 문제를 두고 오랫동안 고민해 왔다. 내 안에 하나님과 온전히 소통하고자 하는 갈망이 있었기 때문이다. 어느 순간에는 문득 하나님과 내 마음이 통하지 않는다는 느낌이 들기도 했다. 이는 나의 깊은 고민거리였다. 왜 하나님과의 관계에서 막힘을 경험하게 될까?

오랜 갈망과 고민 끝에 결론을 얻었다. 기도의 막힘은 하나님 편에서의 문제가 아니라는 사실이었다. 기도의 막힘은 전적으로 나의 문제다. 이것이 결론이었다. 그렇다면 나의 어떤 부분이 문제가 되어서 하나님과의 관계를 막고 있는 것일까?

대부분의 사람이 '죄'의 문제를 이야기한다. 그것도 맞는 말이다. 그러나 더 근본적으로는 진솔함의 부재 때문이다. 그 이유는 하나님께서는 우리가 진솔하게 죄를 고백하면 죄를 용서해 주겠다고 약속하셨기 때문이다. 이 약속이 있음에도 죄를 감추고 덮으려고만 하는 우리의 진솔하지 못한 마음 때문에 관계의 통로가 막히는 것이다.

이는 비단 죄에 대한 회개에만 해당되는 것은 아니다. 다른 기도에 있어서도 마찬가지다. 진솔함이 결여되면 기도에 마음을 담지 못한다. 그동안 해왔던 의식과 습관에 따라 기도하게 된다. 마치 굉장히 지루한 상대를 만나 억지로 시간을 끌기 위해 마지못해 대화하듯이 기도하게 된다. 이는 필연적으로 기도의 막힘을 가져온다.

그러나 내 마음의 중심을 털어놓고 이야기할 수 있는 상대를 만나면 어떠한가? 시간 가는 줄 모르고 이야기하지 않는가? 기도도 마찬가지다. 진솔함 가운데 자신을 하나님 앞에 내어놓으면 기도의 질이 달라진다.

첫째 딸이 네 살일 때였다. 그전까지 엄마 품에서 자라던 아이가 처음으로 선교원에 다니게 되었다. 사실 걱정을 많이 했다. 잘 적응할 수 있을지, 엄마를 보고 싶어 하지는 않을지 염려가 되었다. 대부분 아이들이 처음에 엄마와 떨어지면 굉장히 힘들어한다는 이야기를 많이 들었기에 기도하면서 아이를 보냈다.

감사하게도 갈 때도 울지 않고, 올 때도 의젓하게 돌아왔다. 그래서 잘 다녀온 줄 알았다. 우리 아이는 부모로부터 씩씩하게 잘 독립한 줄 알았다. 그런데 밤에 세 식구가 침대에 누워 잠을 청할 때였다. 낮에는 멀쩡하던 아이가 갑자기 눈물을 뚝뚝 흘리면서 엄마에게 말했다.

"엄마가 같이 갔으면 좋겠어. 사실 정말 보고 싶었어."

아이의 고백을 옆에서 듣던 나는 속으로 생각했다.

'저게 진짜 마음이었구나. 혼자 버틴 거였구나. 처음 독립해서 두려웠을 텐데 억지로 견딘 거였구나. 사실은 굉장히 같이 있고 싶었구나.'

그동안 모든 것을 채워 주던 엄마를 떠나 홀로 서야 했으니 얼마나 외롭고 무서웠을까? 그런데도 아이는 낯선 환경 속에서 버텼던 것이다. 마음속으로는 그토록 엄마를 보고 싶어 했으면서도 말이다. 아이가 진솔하게 고백을 하자 아내는 아이를 힘껏 껴안아 주었다. 위로하고 격려해 주었다. 진심이 통한 시간이었다. 진심 속에 치유가 일어났다.

그런데 그 광경 가운데 엄마를 찾는 아이의 모습 속에서 나를 보았다. 그때 나는 아이를 보면서 나의 가슴 가장 깊은 곳에 있던 열망과 갈망을 만나게 되었다.

"사실은 나도 네 마음과 같아. 나도 누군가한테 기대고 싶어."

그때 내 안에 꼭꼭 감추어 두었던 내면의 감정과 진솔한 만남이 이루어졌다.

의존적인 감정은 어린아이일 때 더 강하게 나타난다. 그러다 어른이 되어 가면서 점점 독립적인 사람으로 성장한다. 그런데 정말 그러할까? 혹시 버티며 살고 있었던 것은 아닐까? 나도 누군가를 사무치게 의지하고 싶은데, 의지할 데가 없어서 억지로 자신을 세우고 버티며 살고 있었던 것은 아닐까?

'내가 무너지면 안 되니까 어떻게든 버텨야 한다. 버텨야 한다.'

이렇게 스스로 다짐하면서 자신을 세우고 버티며 살고 있었던 것은 아닐까? 나이가 한 살씩 늘어갈수록 주변에 내가 의지할 사람보다 나를 의지하는 사람들이 점점 늘어난다. 이 때문에 약한 모습을 보일 수가 없어서 죽을힘을 다해 버티고 있었던 것은 아닐까?

실상 이 땅에 살고 있는 모든 사람 중에 자기 힘만 믿고 살 수 있는 사람은 없다. 억지로 버티며 살고 있을 뿐이다. 그러다 보니 심신에 스트레스가 쌓이고, 긴장하고, 두려움과 불안 속에서 살게 된다.

다음 날 아이를 선교원에 데려다 주고 목양실에 들어왔다. 그때까지 나는 목회를 하면서 겪는 힘든 일을 주님께 솔직히 고백한 적이 없었다. 기도하면서 나 힘들다고 털어놓은 적이 없었다. 늘 기도의 자리에서 교회의 건강한 성장과 성도들의 삶을 위해 간구했었다. 그러한 내 기도는 알게 모르게 메말라 갔다. 하나님과 소통한다는 느낌보다는 홀로 드리는 독백과 같이 느껴지고, 기도의 자리가 동행의 자리가 아닌 홀로 걸어가는 고독한 자리처럼 느껴졌었다. 그러나 하나님이 멀리 계셨던 것은 아니었다. 나의 진솔함의 부재로 인해 주님을 멀게 느끼고 있었을 뿐이었다.

아이의 고백을 통해 진솔하게 대면하게 된 내면의 갈망을 주님께 꺼내 놓았다. 혼자 기도하면서 오랜만에 펑펑 울었다. 한참을 울었다.

"예수님, 이제 예수님께 맡기고 싶습니다. 그동안 내 힘으로 버틴다고 버텼는데, 참 힘이 듭니다. 솔직히 많이 힘겹습니다. 이제 예수님을 의지하고 싶습니다. 예수님, 맡겨진 사명을 잘 감당할 수 있도록 힘을 주시옵소서. 지혜를 주시옵소서."

참으로 깊은 평안과 안식을 누릴 수 있었다. 왜 혼자 낑낑대고 있었을까? 왜 괜찮은 척 기도하고 있었을까? 그때 알았다. 진솔함이 기도의 문을 연다는 것을 말이다.

엄밀히 따지면 진솔함이 하나님의 마음의 문을 여는 것이 아니다. 하나님의 문은 예수 그리스도의 십자가 안에서 언제나 열려 있다. 진솔함은 나의 내면의 닫힌 문을 하나님께로 여는 열쇠다. 닫힌 문이 열리면, 그때 하나님의 임재가 우리의 중심에 가득 차게 된다.

그 이후로 내가 늘 점검하는 것이 있다.

'기도에 진솔함이 있는가? 기도에 마음을 담고 있는가?'

사실 자신의 내면을 정직하게 직면하고 주님 앞에 공유하는 것은 마땅한 일이다. 숨긴다고 숨겨지는 것이 아니기 때문이다.

이미 주님께서 다 알고 계시는데 왜 그토록 숨기려 했을까? 죄가 숨긴다고 숨겨질까? 안 숨겨진다. 그렇기 때문에 민망하고 송구스럽더라도 주님 앞에 솔직하게 고백해야 한다. 그리고 이를 극복할 수 있는 능력을 구하면 된다. 마음에 두려움이 있는데 두렵지 않은 척하고 있을 필요가 있을까? 두려움을 고백하고, 하나님의 도우심을 구하는 것이 더 현명하다.

하나님께로 나아갈 때에 '척'할 필요가 없다. 있는 모습 그대로 고백하며 나아가는 것이 현명하다. 주님은 우리를 있는 모습 그대로 받으시고, 그 모습을 하나님의 형상으로 빚어 가시기 때문이다.

우리가 마음의 문을 닫고 주님과의 관계에서 벽을 세우면 주님과의 관계가 막혀 있을 수밖에 없다. 그러나 진솔함으로 주님께 나아가면 주님은 우리를 있는 그대로의 모습으로 받으실 것이다. 그리고 거기서부터 하나님의 형상으로, 주의 사람으로 빚어 가는 일을 시작하실 것이다. 있는 그대로 진솔하게 나아감, 하나님과의 관계의 문을 활짝 여는 열쇠이다.

- 기도가 막힌다는 느낌이 든 적이 있나요? 왜 그랬을까요?
- 현재 하나님께 공유하고 싶지 않은 부분이 있나요? 어떠한 부분이 그런가요?
- 당신의 마음을 하나님께 있는 그대로 고백해 보시기 바랍니다. 후에 어떠한 마음이 들었나요?

기-승-전-기도

모든 일을 하나님과 공유하며
기도로 교제하는 삶을 살아갈 때 성령님께 속하게 된다.

한동안 '기-승-전-( )'이라는 말이 유행을 했다. 어떤 경우에도 일관
되고 동일한 결론일 때 쓰는 말이다.

한 야구 해설가는 무슨 상황에서든 돔구장 건설 이야기로 말을
맺기로 유명하다. 류현진의 메이저리그 중계를 하면서 메이저리그의
선진성을 이야기하다가 우리나라도 메이저리그처럼 돔구장을 지어야
한다고 결론짓는다. 국내 프로야구 중계 중에 관중으로 꽉 찬 경기장
의 모습을 보며 이야기하다가 우리도 돔구장을 지어야 한다고 결론짓
는다. 그래서 야구 팬들이 농담처럼 그에게 지어 준 별명은 '기승전돔'

이다.

그렇다면 성도는 모든 대화를 무엇으로 결론지어야 하는가? 다양한 내용이 있을 것이다. '기-승-전-사랑', '기-승-전-전도', '기-승-전-말씀' 등 다양하다. 그중 중요한 하나가 '기-승-전-기도'다.

출애굽기를 묵상하면서 모세의 삶을 이렇게 설명할 수 있겠다 생각했다. 모세의 삶이 바로 기-승-전-기도의 삶이었다. 200만 명에 가까운 이스라엘 백성들을 강대국 애굽의 손에서 건져 내는 일, 모세의 힘으로 가능했을까? 그렇지 않았을 것이다. 그들을 광야에서 이끌어 가나안 땅까지 인도하는 일, 모세의 힘으로 가능했을까? 그렇지 않았을 것이다. 그렇기에 모세가 해야만 했던 일은 기도였다. 수많은 문제와 난관 속에서 주님께 기도하는 것밖에는 없었다. 그는 모든 삶을 주님과 나누어야만 했다. 그렇지 않고는 살 수 없었기 때문이다.

모세는 주님 앞에 솔직하게 나아갔다. 자신의 생각을 감추지 않았다. 답답할 때는 답답한 마음 그대로 주님께 나아갔다. 원망이 들 때는 원망의 마음 그대로 나아갔다. 백성을 향해 긍휼의 마음이 들 때는 그 마음 그대로 나아갔다. 갈급할 때는 갈급한 마음 그대로 나아갔다. 그는 어떠한 마음의 상태이건, 그 상태를 홀로 감당하려 하지 않았다. 하나님께 나아가 공유하고, 하나님의 뜻과 은혜를 구했다.

그야말로 기-승-전-기도의 삶이었다. 어떠한 마음의 상태이건, 무조건 하나님께 나아갔다.

사순절 기도회 때였다. 당시 사순절을 맞이해서 십자가를 묵상하는 기도회를 가졌다. 십자가의 의미를 함께 나누고 나서 거의 막바

지로 향할 때였다. 십자가는 나를 위해 예수님이 못 박히신 곳이기도 하지만, 예수님을 위해 내가 못 박혀야 하는 곳이기도 했다. 나를 십자가에 못 박고 사는 삶은 어떠한 삶으로 이어져야 할까? 이는 성령에 속한 삶이었다.

그렇다면 성령님께 속한 삶은 어떤 삶일까? 이를 두고 오래도록 묵상했다. 머리로는 이해가 가는데, 실제로 어떻게 행해야 할지 모호했다. 기도 중에 하나님께서 나의 내면에 세미한 음성으로 말씀하셨다.

'너의 모든 일을 나와 공유하라.'

성령님께 속한 삶은 성령님이 주인 되시는 삶이다. 성령님을 주인 삼기 위해서는 모든 일을 공유하는 것이 필요했다. 공유하지 않으면 내 멋대로 내 계획대로 내 뜻대로 진행하게 되기 때문이다. 모든 일에 기도와 간구로 하나님께 나아가는 삶, 하나님과 사귐을 이루는 삶, 모세처럼 기-승-전-기도로 살아가는 삶, 이것이 성령님께 속한 삶이다.

세상에는 세 부류의 사람이 있다. 영에 속한 사람, 혼에 속한 사람, 육에 속한 사람이다.

육에 속한 사람은 육의 욕망을 따라 살아가는 사람이다. 우리에게는 육신이 주는 욕망이 있다. 이는 반드시 나쁜 것만은 아니다. 수면욕, 식욕, 성욕 등은 우리의 생존을 위해 필요한 욕구들이나. 그러나 절제하지 못한 채 이것에 휘둘려 사는 인생은 큰 문제다. 육의 욕망이 주인 되어서 삶을 이끌 때, 그 삶은 무너지고 만다. 육에 속한 흔적들만이 삶에 남겨진다. 자신의 육체적인 욕망만을 채운 흔적을 남긴다.

다음은 혼에 속한 삶이다. 이는 자신의 생각대로 사는 삶이다. 지성을 따라 살든 감정을 따라 살든 내가 인생의 주인 되어 사는 삶이다. 사실 대다수의 사람이 이렇게 살아가고 있다. 자기 자신의 능력을 따라 살아가고 있다. 자신의 지혜, 경험, 예상, 분석, 계획을 따라서 살아간다. 이러한 삶은 자기의 지혜대로 살았던 삶을 남기게 된다.

하나님의 자녀가 되고 나면 혼에 속한 삶에 만족할 수 없다. 혼에 속한 삶보다 더 큰 부르심이 있음을 깨닫기 때문이다. 이는 영에 속한 삶이다. 영에 속한 삶은 두 부류가 있다. 영의 세계에는 하나님이 계시지만 악한 영도 있다. 그래서 악한 영에게 사로잡혀 사는 삶도 있다. 그러나 성도라면 영이신 하나님께 속한 삶을 살아야 한다. 그것이 우리가 추구해야 할 삶이다. 특별히 주님께서는 주를 따르는 자에게 성령을 허락하셨기에, 성령님께 속한 삶을 살아야 하는 것이다.

이는 하나님이 처음 인간을 창조하셨을 때 기대하셨던 삶이다. 하나님과의 친밀한 사귐 속에 자신의 인생을 경영하는 삶, 이것을 기대하셨다. 그러나 인간이 불순종함으로 하나님과의 관계가 끊어졌다. 하나님과 교통하는 삶은 이루어질 수 없는 일이 되었다.

이를 긍휼히 여기신 하나님께서 당신의 아들을 십자가에 내어 주심으로 우리의 죄를 용서하셨다. 예수님을 구주로 영접한 자들에게 주의 영을 부어 주셨다. 그리하여 우리는 다시 창조 때에 하나님이 의도하셨던 삶으로 돌아갈 수 있게 되었다. 성령님께 속한 삶, 그 거룩한 삶을 살아갈 수 있게 되었다.

성령님께 속한 삶은 성령님이 주인 되시는 삶이다. 성령님이 깨닫게 하시는 하나님의 뜻을 따라 사는 삶이다. 성령님의 능력을 의지하며 사는 삶이다. 이러한 삶은 하나님의 행하심이 그 인생 가운데 거룩한 흔적으로 남는다.

성령님께 속한 삶을 살아가려면 어떻게 해야 하는가? 그 비결은 기도를 통한 교제에 있다.

모든 일을 하나님과 공유하며 기도로 교제하는 삶을 살아갈 때 성령님께 속하게 된다. 우리 안에 일어나는 모든 일에 육과 혼으로 반응하는 것이 아니라 성령님의 뜻을 따라 반응하게 된다. 성령님의 통제 아래 우리의 생각과 감정과 의지가 움직이고 우리의 육신이 사용된다. 이것이 영에 속한, 곧 성령님께 속한 신령한 삶이다.

이를 깨닫고 나서 내가 하는 일은 하나다. 공유다. 주님과의 교제를 통해 모든 것을 공유하고자 한다. 지금 드는 생각, 지금 느끼는 감정, 지금 느끼는 갈망, 욕망 등을 다 주님께 공유한다.

문제는 내가 마음의 문을 꼭꼭 닫고 있으려 할 때가 많다는 점이다. 성령께 사로잡히기보다는 내가 가지고 있는 생각에 사로잡혀서 산다. 내가 가지고 있는 감정에 사로잡혀서 산다. 주님과 공유하기보다 내 계획과 경험을 의지한다. 주님과 공유하기보다 미움과 질투와 시기의 감정에 사로잡혀 살아간다.

주님과의 친밀한 교제를 위해서는 두 가지가 필요하다.

하나는 자신을 객관적으로 바라보기다. 생각보다 자신을 객관화시키기가 어렵다. 일반적으로 자신의 감정과 생각에 매몰되어 살아간다. 그러므로 각별한 노력이 필요하다. 의식적으로 순간마다 나 자신을 객관화시켜서 바라보는 노력을 해야 한다.

'어, 내가 지금 이 생각에 빠져 있네.'

'어, 내가 지금 불안감을 느끼고 있네.'

'어, 지금 내 안에 염려가 가득 차 있구나.'

'아, 정말 지루해하고 있구나.'

나를 객관적으로 관찰함으로써 내 상황에 매몰되는 것을 경계하고, 내면의 움직임을 바로 인식하려고 해야 한다.

다음은 그 상태를 주님께 고백하는 것이다.

'주님, 제가 지금 염려에 사로잡혀 있습니다.'

'주님, 제가 지금 내일의 일정에 대해 두려운 생각에 사로잡혀 있습니다.'

이처럼 주님께 솔직하게 고백하기만 해도 그 마음이 자연스럽게 잠잠해질 때가 있다. 예배 전 긴장하고 있는 마음을 주님께 고백하는 순간, 어깨에 긴장이 풀어진다. 마음에 점점 여유가 생기고 주님을 의지하게 된다.

이 두 가지를 통해 나의 모든 일과와 상태가 주님과 공유되었다면, 그때부터는 주의 일하심을 구해야 한다.

주님께서 임재하시어 주의 뜻대로 빚어 주시기를. 죄의 성향이 득세할 때 잠잠케 하시고, 주의 성령의 충만함을 허락해 주시기를. 고민에 휩싸일 때 주께 이를 고백하고 주의 지혜를 구하기를.

주님께서 우리 안에 역사하실 것이다.

어떤 일이 시작되건, 어떤 마음이 올라오건, 어떤 마음의 욕망이 엄습하건, 기-승-전-기도의 삶을 통해 해결할 수 있다. 기-승-전-기

도의 삶을 통해 성령님이 친히 우리의 주인 되시어 영에 속한 삶으로
우리를 빚어 가실 것이기 때문이다.

- 현재 내가 하고 있는 생각을 객관적으로 바라보십시오. 나는 지금 어떠한 생각을 하며
  살고 있나요? 현재 내가 느끼고 있는 감정을 객관적으로 바라보십시오. 나는 지금 어
  떠한 감정을 느끼고 있나요? 그 생각과 마음을 하나님께 말씀드리시기 바랍니다.
- 하나님께 생각과 감정을 고백한 후 경험했던 바를 적어 보시기 바랍니다.

한 박자 쉬고의 영성

한 박자 쉬는 이유는
늘 주님을 의식하며 살기 위함이다.

예수님을 알고 나서부터 내 안에는 두 가지 갈망이 자리했다. 하나는 하나님의 마음을 잘 전할 수 있는 설교자가 되기를 바라는 갈망이었다. 또 다른 하나는 주님과 동행하는 삶이었다. 어떻게 하면 주님과 동행하며 참된 그리스도인으로 살 수 있을까에 대한 고민이 많았다.

전자가 일에 대한 것이라면 후자는 존재에 대한 고민이었다. 어떻게 참된 하나님의 백성이 될 수 있을까?

이후 나는 세 가지의 해결책을 찾았다.

첫 번째는 십자가 체험이었다. 나를 위해 십자가로 향하신 예수님, 그 십자가를 아는 사람이 참된 하나님의 백성이 될 수 있다.

왜 예수님이 십자가를 지셔야만 했을까? 타락한 세상 가운데 살고 있는 우리, 나 때문이었다. 타락한 세상에서 죄의 값을 지불해야만 해방될 수 있었다. 이 일에 있어서 나는 전적으로 무력한 상태였다. 그러나 예수님께서 나를 위해 죽으시고 모든 값을 지불하셨기에 나는 더 이상 타락한 세상에 속하지 않게 되었다.

나는 그 사실에 감격했다. 이는 복음, 곧 기쁜 소식이었다. 하나님의 구원 소식이 내 귀에까지 이르렀고, 내 마음 안에 자리를 잡았으며, 내 영혼은 이를 통해 죄와 사망에서 벗어나 자유를 얻었다.

타락한 세상 가운데 죄에 얽매여 살아가는 한 인생을 구원하는 것이 뭐 그리 가치 있는 일인지 나는 가늠하지 못하겠다. 그러나 하나님은 그 일을 가치 있게 여기셔서 하나뿐인 아들을 내어 주셨다. 예수님도 그 일을 가치 있게 여기셔서 십자가로 향하셨다.

십자가의 의미를 깨닫고 나자 주님을 위해 살아야겠다는 마음이 더욱 강렬해졌다. 나를 위한 주님의 희생을 깨달은 이상 가만히 있을 수가 없었다. 이때부터 나의 마음에 참된 하나님의 백성이 되고 싶다는 열망이 가득 차게 되었다. 십자가를 통한 구원의 복음이 믿어지면, 그 사람은 가만히 있을 수 없다. 하나님의 사람이 되고자 하는 뜨거운 갈망에 사로잡히게 된다.

두 번째는 하나님과의 살아 있는 인격적 교제였다.

이전대로 살아가는 사람들은 대부분 하나님과 살아 있는 인격적 교제의 시간을 갖지 않았다. 사귐의 시간을 보내지 않았다. 신앙생활

초기에 나는 하나님을 믿는다는 사람들이 하나님과 전혀 상관없이 살아가는 것을 이해할 수 없었다.

'하나님을 믿는다면서 어떻게 악을 행할 수 있을까?'

이 문제가 해결이 되지 않았다. 오랜 시간 후에야 알았다.

'이분들은 하나님과의 살아 있는 사귐이 없었구나.'

이는 다른 사람에게서 발견되는 문제가 아니라 내게도 적용되는 문제였다. 내가 하나님의 뜻과 멀어지는 삶을 살아갈 때면, 어김없이 사귐의 시간이 부족했음을 발견할 수 있었다. 사귐의 시간을 갖는다고 하면서도 그 시간을 형식적으로 채우곤 했던 것을 깨달았다.

그러다 보니 하나님의 권능이 내 안에서 역사할 수 없었다. 하나님은 때때로 강권적으로 역사하시기도 하지만, 대부분 인격적인 만남을 통해 역사하시기 때문이다. 그분과의 인격적 만남이 없거나 형식적으로 흐르면, 그 사람은 하나님께 선한 영향을 받지 못한다. 그러나 살아 계신 하나님과 살아 있는 관계성을 형성하게 되면, 그 사람은 하나님께 영향을 받지 않을 수 없다. 하나님과 교제하면서 하나님의 성품을 닮아 가고 하나님의 뜻을 따르게 되어 있다.

세 번째는 삶의 모든 순간 주님을 의식하며 살아가기였다.

십자가를 체험하고 하나님과 깊은 교제의 시간을 가졌는데도, 일상에서 하나님의 사람으로서의 모습이 드러나지 않는 것을 보면서 아쉬움을 느꼈다. 그때 이러한 나의 영적 고민들을 해결할 수 있도록 도움을 준 책들이 있었다.

먼저는 무명의 순례자가 저술한 《순례자의 길》이란 책이었다. 여기서 소개하는 것이 '예수 기도'였다. 저자는 쉬지 말고 기도하라는 명령을 실행할 방법을 찾다가 예수 기도를 시작하게 되었다. 숨을 들이쉴 때 '주여', 내쉴 때 '나를 불쌍히 여겨 주옵소서.' 이렇게 기도를 하며 살기 시작했다. 처음에는 어려웠으나 시간이 갈수록 익숙해져서 모든 호흡 속에 기도를 담아 살게 되었다. 이를 통해 평상시에도 주의 임재 가운데 살 수 있게 된 것이다.

다음은 로렌스 형제가 쓴 《하나님의 임재연습》이었다. 이 책에는 수도원의 로렌스 형제가 모든 일에 있어서 하나님의 임재를 연습하며 살아 낸 기록이 담겨 있었다. 그는 모든 일을 행할 때 주님을 의식하며 행했다. 이를 꾸준히 훈련하며 지낸 끝에 그에게 주어진 아주 하찮은 일까지도 주의 임재 안에서 행할 수 있었다. 우리의 삶에 이러한 삶의 역사가 남겨진다면 어떠할지 생각만 해도 설레는 일이다.

마지막으로 도움을 받았던 책은 《프랭크 루박의 편지》였다. 이 책을 발견하게 된 계기가 재미있다. 아내와의 연애 시절, 아내가 집으로 저녁 식사에 초대했을 때였다. 누군가의 집에 가면 책장부터 보는 습관이 있는 나는 식사가 준비될 동안 딱히 할 일이 없어서 책장에 꽂혀 있는 책 하나를 꺼내 들었다. 가장 얇은 책을 꺼내려고 찾아 든 것이 《프랭크 루박의 편지》였다. 아내가 누군가에게 선물로 빋은 잭이었다.

처음에는 잠깐 시간 때우려고 읽기 시작했지만, 읽을수록 빨려 들어서 그 자리에서 다 읽었다. 그러고도 아내에게 그 책을 빌려 달라고 해서 집에 가져가 또 읽었다. 그토록 빨려 들었던 이유는 그의 영적 고민이 곧 나의 영적 고민이었기 때문이다. 그 고민을 해결한 방법이 그 책에 담겨 있었으니 어찌 빨려들지 않을 수 있었겠는가.

그의 영적 고민은 어떻게 하면 늘 주님과 동행할 수 있는가 하는 것이었고, 그에 대한 해결 방법은 주님의 임재를 의식하며 사는 것이었다. 그는 할 수 있는 대로 주님의 임재 가운데 살아가려고 노력을 했다. 처음에는 실패가 잦았다. 주님을 의식하지 못한 채 살았다. 그러나 이를 거듭 실행할수록 주님을 의식하는 시간이 늘어났고, 이를 통해 점점 더 주님의 이끄심 가운데 삶을 감당하게 되었다.

나는 앞의 두 가지와 함께 마지막 것을 상당히 중요하게 여겼다. 매일 주님의 임재를 의식하며 사는 삶이 나를 참다운 하나님의 사람으로 만들어 줄 것이라고 생각했다. 그래서 나름대로 이를 연습하며 살기로 결심했다. 그러나 생각만큼 쉽지는 않았다. 사람의 의식이 얼마나 다른 곳으로 쉽게 향하는지…. 정말 어렵고 힘든 문제였다.

그래서 이를 잘 수행할 수 있는 나름의 방법을 생각해 냈다.

그것은 '한 박자 쉬고'의 삶이었다.

살아오면서 어떠한 일에 매몰되어 있는 순간이 많았다. 그때마다 내가 노력한 것은 한 박자 쉬고의 삶이었다. 무언가를 시작하기 전에 잠시 한 박자 쉬고 주님의 임재를 의식한다. 그리고 또 내가 무언가에 매몰되었다고 느낄 때, 한 박자 쉬고 주님의 임재를 의식한다. 실제로 한 박자 쉴 때, 크게 숨을 들이마셨다 뱉기도 한다.

목회를 하면서도 마찬가지였다. 예배를 드리러 올라가기 전에 한 박자 쉬고 주님의 임재를 의식한다. 성가대의 찬양이 끝나고 설교를 하러 올라가기 전에 한 박자 쉬고 주님의 임재를 의식한다. 심방을 가서 문을 열고 들어가기 전에 주님의 임재를 의식한다. 누군가와 대화를 하기 전에 큰 숨을 쉬고 주님의 임재를 의식한다.

삶의 순간마다 의식적으로 한 박자 쉬는 습관을 들이니 주님을 의식하지 않았던 마음을 인식하게 되고, 한 박자 쉬는 동안 주님께로 다시 의식을 돌리게 된다. 이른바 한 박자 쉬고의 영성 훈련이다.

그래서 나는 하나님의 사람들에게는 한 박자 쉬고의 영성이 중요하다고 이야기한다.

일 년으로 따지면 송구영신예배가 한 박자 쉬고의 시간이다. 한 주로 따지면 주일예배가 한 박자 쉬고의 영성을 실천하는 시간이다. 분주한 일상 가운데 현대사회에서 예배 시간은 한 박자 쉬고의 시간이다. 이때 인생의 주인이 누구인지를 확인하고, 자신의 삶을 하나님 앞에서 재조명하게 된다. 하루로 따지면 새벽예배가 한 박자 쉬고의 시간이다. 그리고 매일의 순간으로 따지면 의식적으로 큰 숨을 내쉬며 하나님을 의식하는 순간이 한 박자 쉬고의 시간이다.

한 박자 쉬는 이유는 늘 주님을 의식하며 살기 위함이다. 늘 주님을 의식하며 살기 원하나 그렇지 못한 삶을 주님께로 다시 올려드리기 위해 취하는 방법이 한 박자 쉬는 것이다.

한 박자 쉬고의 삶. 이것이 주님이 주인 되시는 삶을 일상에서 가능하게 한다. 한 박자 쉼으로 매 순간 나의 의식을 주님께로 돌릴 수 있다면 얼마나 좋을까? 궁극적으로 한 박자 쉴 필요도 없이 주님과의 인격적 사귐을 통해 늘 그분을 의식하며 살아갈 수 있다면 얼마나 좋을까?

그 삶이 남길 주님과의 동행의 역사는 무엇보다 귀할 것이다.

- 하나님과 동행하는 삶을 위한 자신만의 방법이 있나요? 그동안 노력해 왔던 방법들을 생각해 보시기 바랍니다.
- 한 박자 쉬며 주님을 의식하는 삶에 도전해 보시기 바랍니다. 나의 삶에 주님을 의식하기 위한 한 박자는 언제일지 생각해 보시기 바랍니다.

방해물을 넘는 기도

결심만으로는 주의 뜻대로 살아갈 수 없다.
이를 방해하는 세력이 있기 때문이다.

참으로 하나님이 주인 되시는 삶의 역사를 만들어 가는 사람은 복이 있다. 그 마음을 품은 것 자체가 복이다. 그 마음은 복의 시작이다. 사랑하는 자와의 이별을 통해 삶과 죽음을 다시 묵상하고, 그 과정을 통해서 참으로 하나님을 주인 삼는 삶을 살고 싶다는 갈망이 생겼다. 그것이 나만의 진지한 영적 여정의 시작이었다.

사실 이러한 갈망은 신학생 시절부터 있었다. 그러나 갈망이 실제 삶으로 온전히 연결되지는 않았다. 그러나 이번에는 이전과 달랐다. 갈망이 추구로 이어졌다. 그동안 내가 갈망하며 쌓아 두었던 경험과 이번에 추구하며 새롭게 깨달은 내용들이 내 삶의 지축을 흔들었다.

이내 나는 깨달은 바대로 살기를 소망했다. 그러나 실제로 깨달음을 따라 사는 것은 쉽지 않았다. 방해물이 있었기 때문이다.

먼저는 외부의 방해물이었다. 성도는 영적 세계가 있음을 믿는다. 예수님을 따르기로 결정하고 신실하게 예수님을 따르는 성도의 삶에는 영적 방해가 따른다. 이는 사탄의 일이다. 이를 파악하지 않으면 넘어지게 된다.

주님과 친밀한 관계를 맺으려 할 때 사탄이 성도에게 행하는 세 가지 영역의 방해가 있다.

첫째는 세상의 즐거움이다. 하나님은 우리에게 영적 즐거움을 주신다. 하나님과의 관계 속에서 오는 즐거움이 있다. 이를 맛보게 되면 세상의 다른 것에 마음을 빼앗기지 않는다. 우리의 영은 하나님과 친밀하게 연결될 때 깊은 만족감을 느끼기 때문이다. 그러나 사탄은 이를 그냥 두고 보지 않는다. 이를 무너뜨리기 위해 다른 즐거운 일들을 우리에게 선사한다. 잠시 잠깐은 하나님께로부터 오는 영적 즐거움보다 더 만족스럽게 느껴질 때도 있다. 세상의 쾌락은 순간적인 대신 강렬하기 때문이다. 이것이 주님과의 친밀한 동행을 방해한다.

둘째는 두려움이다. 사탄은 주님과 친밀한 삶이 굉장히 어려울 것이라는 두려운 마음을 던져 놓고 간다. 친했던 친구도 신앙 때문에 멀어질 것이고, 믿지 않는 가족들도 싫어할지도 모른다고 속인다. 신앙 때문에 직장과 가정에서 어려움을 겪었다던 친구들의 이야기도 들려온다. 이러한 두려움을 조장함으로써 사탄이 이루려는 목표가 무엇인가? 주님과의 관계를 갈라놓는 것이다.

하나님의 뜻대로 행할 때에 여러 가지 반대가 따를 수 있다. 사실이다. 그러나 두려워하지 않을 것은 주가 함께하시기 때문이다. 주께서 능력을 베푸신다.

볼지어다 내가 세상 끝날까지 너희와 함께 있으리라(마 28:20).

두려움을 이기는 힘은 주님과의 동행과 관련된 약속들이다.

셋째는 혼란이다. 주를 따라 살아가는 길에는 하나님을 알아 가는 일이 필요하다. 그런데 하나님을 아는 일에 있어서 혼란을 느끼게 만드는 것이 사탄의 일이다. 사람들을 통해 세상의 가치관으로 믿음의 삶을 공격하게 만든다거나, 성경의 가치관에 위배되는 책들을 통해 신앙을 혼미하게 만드는 등의 일이다. 더불어 여러 가지 문화적 도구를 통해 우리의 가치 체계를 흔드는 일이다. 이럴 때 성도는 흔들린다.

물론 다양한 책을 읽고 문화를 접하는 것 자체가 나쁜 것은 아니다. 그러나 분명한 신앙적 가치관이 세워진 후에 신앙의 눈으로 이러한 문화를 접한다면 어느 정도 걸러 낼 수 있겠지만, 걸러 낼 기준 자체가 세워지지 않은 상태에서 무분별하게 집촉하면 오히려 혼란을 느낄 수 있다. 다양한 문화를 접할 때마다 이를 성경의 메시지에 비추어 보는 노력이 필요하다. 더불어 고민되는 부분에서 주님의 인도를 구하며 기도할 필요가 있다.

사도행전을 보면 믿음으로 주님과 교제하며 주의 사명을 감당하려던 교회에 동일한 일들이 일어난 것을 볼 수 있다.

이익을 누리기 위해 하나님께 드려야 할 헌금을 숨긴 사건이 있었다. 유대인들의 지속적인 박해에 두려워하며 흔들린 성도들이 있었다. 1세기 성도들을 혼란스럽게 만든 다른 복음들이 있었다. 이 모든 방해가 열심을 품고 주를 섬기려던 성도들에게 임했다.

나의 영적 여정 가운데에도 이러한 방해들이 있었다. 당시에는 그 이유를 잘 몰랐다. 왜 갑자기 세상을 향해 눈이 돌아가는지, 왜 두려운 마음이 생기는지, 왜 마음이 혼란스러운지, 당시에는 이유를 몰랐다.

그러나 시간이 지나면서 이 모든 방해의 근원을 알게 되었다. 이는 사탄의 계략이자 악한 영의 역사였다.

어떻게 해야 승리할 수 있을까?

첫째, 발견해야 한다. 우리가 주께 붙어 있을 때 이러한 마음들이 생기는 것, 이러한 마음들에 흔들리는 상황들이 생기는 것을 볼 때에 우리는 그 이면에 악한 영의 역사가 일어나고 있음을 알아채야 한다. 그리고 기도하면서 이것이 악한 영의 방해인지를 확인해야 한다.

성경에서는 주가 악한 자를 이겼다고 선포한다. 문제는 악한 자를 속히 발견해 내느냐에 달려 있다. 내 삶에 역사하는 악한 자는 발견되는 즉시 힘을 쓰지 못한다. 주의 능력이 더 강하기 때문이다. 그러나 때로 알아차리지 못하고 휘둘릴 때가 있다. 앞에서 언급한 세 가지 방해 요소를 기억하며 삶에 유혹이나 두려움, 미혹이 다가올 때 이를 분별하는 영적 안목이 필요하다.

어떻게 이러한 영적 안목을 가질 수 있는가? 주께 온전히 집중할 때 마음에 스며든 불순물이 정체를 드러낸다.

둘째, 선포해야 한다. 주 예수 그리스도의 이름으로 선포할 때 어둠의 영은 떠나간다. 이때 필요한 것은 예수님의 이름을 기계적으로 외치는 것이 아니라 그분의 이름을 참으로 의지하는 마음이다.

한번은 교회의 교사가 가위에 눌렸다며 해결 방법을 위해 고민 상담을 했다. 나는 한 번도 가위에 눌린 적이 없었기 때문에 대수롭지 않은 일처럼 이야기를 했다. 그런데 그날 저녁에 내가 가위에 눌렸다.

꿈에서 설교를 하고 있는데 갑자기 설교를 듣던 여자 한 명이 일어나 내게로 다가와서 내 목을 조르기 시작했다. 나는 배운 대로 예수님의 이름을 선포했다.

"예수님의 이름으로 명하노니 악한 영은 떠나갈지어다!"

그러나 내 목을 조르던 여자는 꿈쩍도 하지 않았다. 잠깐의 순간이지만 내게 깨달음이 임했다.

'아, 내가 지금 예수님의 이름을 기계적으로만 불렀지 진정 그 이름을 의지하는 마음으로 부르지 않았구나.'

그리고 진정 의지하는 마음으로 간절히 외쳤다. 그러자 내 목을 조르던 악력이 점차 약해지면서 비로소 자유케 되었다.

다음 날 교회에 가서 그 교사께 바로 알려 드렸다.

"또 한 번 가위에 눌리시면 예수님의 이름을 외치세요. 그분의 이름을 부르세요. 그런데 기계적으로 부르시면 안 됩니다. 예수님의 이름을 진정으로 의지하는 마음을 담아서 외치세요."

셋째, 주의 돌보심을 구해야 한다. 우리에게 능력이 있는 것이 아

니다. 주님께 능력이 있다. 우리의 영적 여정에서 흑암의 세력들이 떠나
가도록 주의 은혜를 구해야 한다. 주님이 돌보시기 시작하면 그 사람
은 안전하다. 그래서 다윗의 시편을 보면 그가 그토록 주 안에 거하고
자 했음을 알 수 있다.

이는 주께서 나의 반석이시요 나의 요새이심이니이다(시 71:3).

결심만으로는 주의 뜻대로 살아갈 수 없다. 이를 방해하는 세력
이 있기 때문이다. 우리는 이를 알아차리고 대비해야 한다. 이를 발견
하고 예수님의 이름으로 선포하고 주의 돌보심을 구하는 것이 우리의
영적 대응법이다. 이를 통해 우리를 이기게 하시고 돌보시는 주님을 만
날 수 있을 것이다.

영원을 위한 한 걸음

- 유혹과 두려움, 혼란 중 내가 경험한 영적 방해의 영역은 무엇인가요?
- 내가 발견한 영적 방해의 영역을 적어 보고, 예수님의 이름으로 선포하며 주의 돌보심
  을 구하는 기도를 하시기 바랍니다.

내면의 장애물을 뛰어넘어

죄와 자아를 주의 빛 아래서 내려놓는 작업은
어쩌면 평생 싸워야 할 부분일 것이다.

외부의 영적 방해가 심할 때 이를 돌파하는 방법은 무엇일까? 실상은 단 하나다. 바로 성령 충만이다. 하나님과 나의 관계가 친밀할 때는 외부의 적이 한 트럭 몰려와도 한 사람을 무너뜨릴 수 없다. 내 안에 강력한 능력이 거하기 때문이다.

목회를 하면서 생긴 병이 있다. 전화 긴장증이다. 전화만 오면 긴장이 된다. 목회를 시작한 후, 성도들에게 전화가 와서 받아 보면 어려운 일이나 고통스러운 소식인 경우가 많았다. 간혹 목회 여정 가운데 그런 일들이 몰릴 때가 있었다. 그런 때는 전화벨 소리만 들어도 마음이 심란해지고 가슴이 철렁 내려앉았다. 벨이 울리면 긴장된 마음으로 전화를 받았다. 잔뜩 긴장된 마음을 억누르며 "여보세요" 한다. 다행히 안부를 묻는 전화거나 좋은 일을 전하는 내용이면 잔뜩 움츠린 몸이 단숨에 풀어졌다.

그러나 역시 안 좋은 소식들을 전해 들을 때가 있었다. 문제는 내 상태다. 내 상태가 주님과 친밀함 가운데 있을 때는 담대하고 지혜롭게 대응했다. 그러나 내가 영적 충만함을 상실했을 때에는 그 소식이 어깨를 짓누르는 듯했고 가슴이 답답해졌다. 이를 통해 내가 깨달은 것이 있었다. 가장 큰 문제는 외부가 아니라 내부에 있다는 사실이다.

삼손을 떠올려 보라. 그가 하나님이 주신 능력 가운데 있을 때는 외부의 적이 아무리 몰려와도 문제가 되지 않았다. 그러나 하나님의 능력이 떠나자 그는 한 명의 여인조차도 상대하기가 버거워졌다. 이는 성도도 마찬가지다. 하나님의 능력 안에 있을 때는 어떠한 일도 감당할 만한 힘이 있다. 그러나 하나님의 능력을 상실했을 때는 작은 문제에도 넘어지는 것이 성도이다.

실상 모든 문제 해결은 내면에서 시작된다. 문제를 감당하고 돌파하여 풀어 나갈 만한 내적 힘이 있는지 없는지가 관건이다. 그것이 문제 해결의 시작점이다. 내면이 감당을 못하면 방해 앞에 털썩 주저앉게 되고 만다.

하나님이 참으로 주인 되시는 삶을 살고자 할 때 외부의 방해만 있다면 그리 큰 문제가 아닐 것이다. 그러나 영적 여정에 있어서 외부의 방해와 더불어 또 하나의 큰 적은 바로 내 안에 있다. 내 안에 있는 타락한 본성이 하나님 앞에 가치 있는 삶을 남기는 데 끊임없이 방해를 한다.

내 안에 있는 방해물은 무엇일까?

먼저는 '죄'이다.

하나님은 우리에게 거룩한 삶을 요구하신다. 이는 하나님의 성품을 닮은 삶이다. 그러나 타락한 인간 안에는 하나님이 기뻐하시지 않는 그릇된 부분이 허다하다. 한 사람 안에는 타락한 성향이 있다. 사람에 따라서 죄성이 다양한 모양으로 나타난다.

반드시 그런 것은 아니지만, 대부분 유전적 문제와 자라 온 환경적 문제가 얽혀 있는 경우가 많다. 폭력적 성향을 가진 가정에서 자라난 사람은 폭력으로 죄성이 드러날 가능성이 많다. 탐심을 촉발케 하는 환경에서 자라난 사람은 유독 탐심에 쉬이 넘어질 가능성이 크다. 음란한 환경을 자주 접한 사람은 음란함으로 죄성이 드러날 가능성이 크다. 명예나 품위를 중요시하는 집안일 경우 드러나는 죄는 많지 않을 수 있으나 교만하고 타인을 무시하는 등 은밀한 내적 죄로 나타나는 경우가 많다.

안에 있는 것은 반드시 나오기 마련이다. 단, 밖의 상태에 따라서 다양한 모양으로 나온다. 언젠가 아이들과 함께 찰흙을 가지고 논 적이 있었다. 둥글게 뭉쳐 놓은 찰흙을 아이가 동그란 틀로 누르면 동그랗게 나오고, 네모난 틀로 누르면 네모 모양으로 나왔다. 그걸 보면서 우리 안의 죄가 드러나는 것이 바로 이와 같겠구나 생각한 적이 있었다.

개인의 특정한 죄가 우리의 영적 삶에 장애물로 등장한다. 이를 해결하지 않으면 계속해서 넘어지게 된다.

죄를 해결하는 가장 큰 방법은 얼굴에 철판을 깔고 계속해서 주와 사귐을 지속하는 것이다. 죄를 범하면 어둠 속으로 숨고 싶은 마음이 든다. 주의 낯을 피하고 싶은 마음이 가득하다. 아담도 그러했고 다윗도 그러했다. 그러나 이는 죄를 감출 뿐이지 근본적으로 해결할 수 없다. 죄를 해결하는 방법은 하나다. 빛 가운데로 나오는 것이다.

빛 가운데 있으면 죄가 계속해서 드러난다. 자신의 죄를 직면하는 것은 힘든 일이다. 부담스러운 일이다. 용서해 주신다고 해도 죄송함에 마음이 찜찜하다. 그럼에도 불구하고 주 안에 있는 것이 해결책이다. 계속해서 그 과정이 반복되면, 마음에 생기는 감정이 하나 있다. 그 감정이 생기면, 그때부터 비로소 죄로부터 자유롭게 되기 시작할 것이다.

그 감정은 바로 죄를 향한 미움이다. 우리가 죄를 범하는 이유는 죄에 대한 애정이 있기 때문이다. 그러나 빛 가운데 있으면 그 애정이 나를 상당히 괴롭게 하고, 주님의 마음을 안타깝게 한다는 것을 직시하게 된다. 그래도 애정은 잘 끊어지지 않는다. 그러나 이것이 반복될수록 애정은 점점 사라지고 죄에 대한 미움이 생겨난다. 그때부터는 죄와 점점 멀어지는 자신을 발견하게 될 것이다.

처음 신앙생활을 할 때는 죄만 사라지면 되는 줄 알았다. 하나님과 친밀한 관계를 가지는 시간이 늘어나면서, 주도적으로 나를 넘어뜨리던 죄들로부터 많은 부분 자유를 누리게 되었다. 내면의 악은 그대로 남아 있었지만, 계속해서 빛 가운데 거함으로 이전과 같은 강력한 힘에 지배되는 일은 많이 사라졌다.

그런데 주님과 동행하는 데 있어 넘어야 할 더 큰 산이 내 안에 있음을 깨닫게 되었다. 이는 바로 자아다. 하나님이 참으로 내 삶의 주인 되시는 데 가장 크게 방해하는 것은 나의 자아였다. 내 생각, 내 의견, 내 뜻, 내 방법, 나의 때, 나의 능력…. 이 모든 것이 하나님의 주 되심을 방해하는 강력한 내면의 장애물이었다.

어떻게 자아를 주님 발 앞에 내려놓을 수 있을까?

첫째, 진통을 겪어야 한다. 나를 십자가에 못 박는 작업이기 때문이다. 생생하게 살아 있는 자아를 십자가에 못 박는 일은 아프다. 간절히 이루어지길 소망하는 일이 있었다. 하나님께 기도도 많이 드렸다. 그러나 상황은 반대로 흘러갔다. 하나님께서는 이 문제를 내 스스로 내려놓길 원하셨다. 이 문제를 가지고 기도의 자리로 나아갔다. 내가 원하는 방법대로, 내가 원하는 때에, 내가 원하는 모습대로 일이 이루어지길 원하는 욕심과 마주했다. 답답했다. 가슴을 칼로 후비는 듯한 진통이 느껴졌다. 기도하겠다고 앉았지만 한참을 한숨만 푹푹 쉬며 있었다. 그렇다. 나의 내면이 진실로 십자가에 못 박히는 듯했다. 주의 뜻과 나의 뜻 가운데 한쪽이 죽어야 끝나는 일이기에 진통을 피할 수 없었다.

이때가 자신을 솔직하게 올려 드리는 기도를 하기 시작할 때이나. 바로 그때부터 자유가 임한다.

"주님, 주님이 주인 되시길 원합니다. 그런데 마음이 놓아지지 않습니다. 도와주시옵소서. 내 마음을 주관하여 주옵소서."

이것이 자유함의 시작이다. 하나님께 속하기 시작하는 시간이다.

둘째, 결단해야 한다. 주님은 우리의 결단을 받으신다. 주의 도우심 가운데 자신의 뜻을 내려놓는 결단에 이르게 된다.

"네, 알겠습니다. 주님이 나의 왕이십니다. 주님 아래 내려놓습니다. 주님의 때에, 주님의 방법대로, 주님이 원하시는 대로 이루어 가시길 원합니다."

말로만 들을 때는 쉬워 보이지만 실제로는 결단하는 것이 참 힘들다. 살아 있는 것이 죽어져야 하니 쉽지 않은 일이다. 그러나 이 결단은 승리를 부른다. 결단은 하나님의 일하심의 시작이다.

마지막은 주님이 일하셔야 한다. 우리가 결단하면 주님이 일하신다. 우리가 내려놓으면 주님이 임재하신다. 우리가 비우면 주님이 채우신다. 아픈 마음으로 내려놓았으나, 하나님이 하실 일을 기대하면 기쁨이 차오른다. 이것이 주님의 일이다. 주님은 미리 예비하고 계신다. 주님은 준비해 놓고 계신다. 그러나 주님은 우리가 결단할 때까지 인내하며 기다리신다.

자아가 죽는 과정은 여러 차례 반복되어야 한다. 몇 가지 사건을 통해서 자아를 내려놓는 몇 번의 경험이 반복되어야 하나님이 참으로 주인 되어 주신다.

죄와 자아를 주의 빛 아래 내려놓는 작업은 어쩌면 평생 싸우며 노력해야 할 일일 것이다. 그 이유는 죄와 자아가 우리 존재 뿌리의 근원에까지 닿아 있기 때문이다. 늘 주의 빛 가운데 거할수록 그 근원이 점점 더 드러날 것이다. 그러하기에 내면을 비우는 일은 계속 요구된다. 그러나 그와 동시에 주의 일하심도 점점 드러날 것이다. 그러므로 우리는 승리할 것이다.

죄와 자아의 역사로 점철된 인생이 아니라 주님의 신실하심이 풍성한 인생으로 변화되어 갈 것이다. 우리가 이를 진심으로 원하고 주의 도우심을 구할 때, 주님께서 이 일을 이루실 것이기 때문이다.

영원을 위한 한 걸음

- 나는 성령으로 충만한 삶을 살고 있나요? 어떠한 순간에 성령의 역사를 깨달았나요?
- 성령의 역사를 방해하는 죄와 자아의 문제를 어떻게 해결하고 있나요? 내가 매여 있는 죄는 무엇인가요? 하나님을 의식하지 않고 자아대로 행하는 이유가 무엇일까요?
- 어떻게 하면 죄와 자아에 끌려가지 않고 하나님의 인도를 받으며 살 수 있을까요?

주를 부르며 사는 삶

주님을 부를 때 우리의 연약함이 떠나가고,
주님이 주시는 권능이 역사할 것이다.

유튜브에서 한 영상을 보았다. 케냐에서 사역하는 임은미 선교사의 설교 중 한 부분이었다. 제목은 "내가 주의 이름을 부를 때 어떤 일이 일어나는가"였다. 그 영상에서 그녀는 자신이 선교하는 곳에서의 경험을 이야기했다. 그 내용은 다음과 같다.

그녀가 선교지의 거리를 걸어가면 꼬마 아이들이 졸졸 따라오며 그녀를 올려다본다. 아이들은 그녀가 섬기는 교회의 주일학교 학생들이다. 아이들은 그녀가 선교사인 것과 그녀의 이름이 유니스라는 것을 안다. 아이들은 그녀를 올려다보면서 목이 터져라 "유니스"를 부른다.

무엇을 달라고 하지는 않고, 그저 목이 터져라 간절하게 부르는 것이다. 누구도 무엇을 달라고는 하지 않았지만, 아이들이 유니스를 부를 때면 그녀는 이런 생각을 한다.

'이 아이들 신발이 없지. 신발 사줘야 하는데…. 이 아이들 하루에 밥 한 끼 먹지. 밥을 사줘야 하는데…. 빵을 사줘야 하는데…. 이 아이들 학교가 없지. 내가 돈이 있으면 학교를 지어 주면 좋겠는데….'

이러한 선한 생각이 머릿속에 끊임없이 떠오르던 그때, 문득 이런 마음이 들었단다.

'우리가 기도할 때 "주여" 하면, 하나님도 우리의 마음을 아실 것이다. 하나님도 우리의 필요를 아실 것이다. 하나님은 우리를 사랑하신다. 사랑하는 이에게 다 주고 싶지 왜 안 주고 싶겠는가?'

이 영상을 보면서 두 가지를 깨달았다. 우리는 늘 무언가를 필요로 하는 존재라는 점, 또 하나는 그 필요를 하나님께 구할 때 하나님께서 역사하실 것이라는 점이었다.

삶과 죽음을 묵상하면서 나는 하나님 앞에 진정 가치 있는 삶을 남기고 싶어졌다. 하나님이 참으로 내 인생에 주인이 되시는 삶을 남기고 싶어졌다.

하나님의 말씀 앞에 엎드려 주의 음성을 듣고 싶었다. 주님의 뜻을 확인하면 기도로써 그 말씀이 삶이 되기를 간구했다. 때로는 회개하고 때로는 간구하며, 주의 뜻이 온전히 이루어지는 삶을 살고 싶었다. 모든 일을 주님과 공유하며 영에 속한 자로서 살고 싶었다. 매 순간 주님을 의식하며 살고 싶었다.

열심에 은혜가 임하면 성장이 일어난다. 이후의 내 삶 가운데 성장이 있었음을 부인할 수 없다. 주님과 더욱 친밀해졌고, 이전보다 후회할 일이 줄어든 것이 사실이다.

하지만 어찌 온전할 수 있겠는가? 어찌 흠이 없을 수 있겠는가? 나는 여전히 연약한 사람이며, 여전히 허점이 많은 사람일 뿐이다.

주님을 신실하게 따라가고 싶지만, 외부의 일들이 일어날 때마다 흔들리지 않을 수 없었다. 휘청거리고 번민하는 일이 생겼다. 게다가 견고하게 대응하지 못하는 내 모습을 볼 때마다 부아가 치밀었다. 답답했다.

영적인 부분뿐만 아니라 때때로 다가오는 삶의 고됨은 영원을 바라보며 온전하게 하루를 살고 싶은 내 갈망과 늘 부딪치며 충돌했다.

이것이 비단 나만의 일이겠는가? 교회 내에서 헌신하며 살기를 원하지만, 쓰러지고 휘청이며 좌절하고 무너지는 이들의 고백을 숱하게 들어 왔다. 이런 고백을 들을 때면 안타까운 마음에 휩싸인다. 그들 중 누구라도 쓰러지고 싶었겠는가? 휘청거리고 싶었겠는가? 눈앞에는 홍해가 흐르고 있고, 뒤에서는 애굽 군대가 밀려오는 상황에 처할 때, 어찌 자신의 연약함을 고백하지 않을 수 있을까?

하나님의 뜻을 알고 싶어 발버둥치지만, 때로는 속히 응답해 주시지 않는 답답한 상황들 속에서 우리는 신음한다. 하나님 앞에 헌신했으나 연달아 이어지는 고난 속에 우리는 탄식한다. 때로는 의심과 염려와 두려움에 싸여 앞으로 나아가지 못하는 자신을 바라보며 안타까워한다. 늘 다시 일어나려 하지 나를 사로잡는 죄악과 자아의 끈질김 속에 깊은 한숨을 쏟아 낸다. 이것이 우리가 영적 여정에서 만나는 어려움들이다.

어떻게 해야 할까? 대체 어떻게 해야 하는가?

주를 부르라. 주님의 이름을 부르라. 주의 긍휼을 구하라!

때때로 우리는 하나님을 엄한 군주처럼 생각할 때가 있다. 율법을 잔뜩 안겨 주시며 이 말씀대로 살라고, 안 그러면 혼내 준다고 외치는 폭군처럼 생각할 때가 있다. 그러나 잘 살펴보면, 하나님이 주시는 법들은 다 우리의 삶의 행복을 위한 것들이다. 공동체의 공의와 평화, 긍휼을 향한 법들이다.

하나님의 마음은 우리의 회복을 향하고 있다. 바른 삶으로의 회복이 하나님이 우리에게 원하시는 궁극적인 목표다. 우리는 먼저 하나님을 올바로 바라보아야 한다.

성경이 그리는 하나님의 가장 강력한 모습은 '구원의 하나님'이다. 나는 마음이 심란할 때 시편을 펼친다. 답답한 일들이 있을 때 시편을 묵상한다. 시편을 보면 구원의 하나님을 향해 부르짖는 시편 기자의 모습이 생생하게 담겨 있다. 다윗을 비롯한 시편의 기자들은 구원의 하나님을 믿었다. 구원의 하나님을 찾았다. 구원의 하나님 안에서 안식을 누렸다. 나는 시편 속에서 구원의 하나님을 본다.

눈앞에 막막한 장벽이 가로막혀 있을 때 출애굽기를 펼친다. 출애굽기에서 가장 강력하게 나타나는 하나님의 모습이 무엇인가? 구원의 하나님이다. 노예 된 이스라엘의 부르짖음을 들으시고, 그들의 조상들을 향한 약속을 기억하며 그들의 구원을 이루시는 하나님이다.

여호와께서 이르시되 내가 애굽에 있는 내 백성의 고통을 분명히 보고 그들이 그들의 감독자로 말미암아 부르짖음을 듣고 그 근심을 알고 내가 내려가서 그들을 애굽인의 손에서 건져 내고 그들을 그 땅에서 인도하여 아름답고 광대한 땅, 젖과 꿀이 흐르는 땅…에 데려가려 하노라(출 3:7-8).

하나님은 어떤 분이실까? 고통을 알고 부르짖음을 듣고 근심을 아는 분이시다. 그뿐만 아니라 친히 건져 주며 인도하는 분이시다. 그분은 구원의 하나님이시다.

이 사실을 믿는다면, 이제 할 일은 주의 이름을 부르는 것이다.

성경에 이르되 누구든지 그를 믿는 자는 부끄러움을 당하지 아니하리라 하니 유대인이나 헬라인이나 차별이 없음이라 한 분이신 주께서 모든 사람의 주가 되사 그를 부르는 모든 사람에게 부요하시도다 누구든지 주의 이름을 부르는 자는 구원을 받으리라(롬 10:11-12).

하나님이 약속하신 것은 이것이다. 주의 이름을 부르라. 구원을 받으리라! 이것이 우리의 영혼 구원에만 국한된 것일까? 이것이 말세에 주님의 심판으로부터 구원을 받는 일에만 국한된 것일까? 그것만이 아니다. 우리의 모든 삶에 있어 주님은 구원하는 분이시다.

주님 앞에서 헌신적으로 살아 보려고 노력하면 할수록 깨닫게 되는 것이 있다. 참으로 예수님을 주로 섬기고 살아 보려고 노력하면 할

수록 깨닫게 되는 것이 있다. 이 일에 주의 도우심이 너무나도 필요하다는 사실이다. 구원하시는 주님의 역사가 간절히 필요하다.

그렇기 때문에 우리는 주님을 부르며 걸어가야 한다. 자신의 연약함을 인정하고, 주의 도우심이 없이는 한 발짝도 온전할 수 없음을 인정하며, 주님의 이름을 부르며 가야만 한다.

"주여, 주여, 주여."

주여 삼창이 기계적인 외침이 될 때는 아무 힘도 발휘하지 못하지만, 내면의 갈급함 속에서 터져 나오는 하나님을 향한 애타는 부르짖음이라면 이야기가 달라진다. 주님께서 임재하시고 역사하시기 시작한다.

아이들을 기르면서 때때로 나를 향한 그들의 간구를 듣는다.

"아빠, 아빠, 아빠."

부르짖음을 듣고 급히 가보면 매번 다양한 상황이 내 앞에 펼쳐져 있다. 책장에서 책이 쏟아져 내리기 직전의 상황, 의자에 다리가 끼여 오지도 가지고 못 하는 상황, 쉬가 마려운데 바지가 잘 안 벗겨지는 상황 등 다양하기 이를 데 없다. 그러나 "아빠" 한마디면 내가 달려간다. 그 문제가 무엇이든 해결해 준다. 그들이 나를 구원자로 믿고 있고, 나는 그들을 사랑하기 때문이다.

물론 그들이 성장할수록 내가 해결해 줄 수 있는 부분은 적어질 것이다. 더 이상 나를 구원자로 믿고 부를 수 없을 때가 더 많아질 것이다. 그래서 알려 주고 싶다. 너희에게는 궁극적으로 구원의 주님이 필요하며, 매 순간 그분을 불러야 한다는 것을. 나는 너희의 영원한 구원자는 될 수 없지만, 함께 주님을 부르는 자는 되어 주겠다는 다짐까지 말이다.

주님 앞에 후회하지 않을 삶의 역사를 남기고 싶지 않은 성도가 있을까? 그러나 아무리 다짐하고 결단하고 노력해도 휘청거리고 넘어지고 흔들리는 것이 우리의 삶이 아닐까? 그러므로 주님의 이름을 불러야 한다. 주님을 부를 때 우리의 연약함이 떠나가 주님의 권능이 역사할 것이다. 그 권능은 우리를 주님 앞에 남는 삶의 길로 인도해 줄 것이다.

영원을 위한 한 걸음

- 내가 품고 있는 하나님 상은 어떠한가요? 그분이 구원의 하나님이심을 믿나요?
- 실제로 주님의 이름을 부르며 기도해 본 적이 있나요? 없다면 한 주간 틈이 날 때마다 실제로 주님의 이름을 불러 보십시오. 장소가 여의치 않다면 마음속으로 주님의 이름을 불러 보십시오.

4장

ABOUT FRUIT

열매

가치 있는 꿈인가

가장 가치 있는 꿈,
바로 하나님 나라다.

목회 첫해, 일에 치여 생활이 규칙적으로 관리가 되지 않았다. 그래서 궁여지책으로 찾은 것이 자기계발서와 경영서였다. 그 책들을 통해 자기 경영의 핵심을 배울 수 있었는데, 그것은 뚜렷한 꿈이었다. (책에 따라서 꿈, 목적, 목표, 비전이라는 이름으로 사용된다. 각각의 단어들은 미세한 의미 차이가 있지만, 인생의 목적지를 뜻한다는 점에서는 공통된다고 볼 수 있다.) 장기·중기·단기 목표를 가지고 삶의 각 영역을 경영해 갈 때, 그 삶에 목표한 열매가 맺힌다. 돌이켜 보니 내게는 뚜렷한 목표가 없었다. 단지 신학생 때부터 좋은 설교자가 되어야겠다는 막연한 목표만을 품었을 뿐이다.

나도 인생에 좀더 분명한 꿈을 가져야겠다고 마음먹었다. 어떤 꿈을 꾸어야 할까 고민하는 한편, 사람들을 만나면 늘 꿈이 무엇인지 물어보았다. 책을 읽으며 사람들은 어떤 꿈을 꾸며 살았는지 살펴보았다.

사람들에게 꿈을 물어보면서 놀란 점은 상당히 많은 사람이 꿈을 품지 않은 채 살아가고 있다는 점이었다. 주어진 현실에 적응하며 살아가는 것으로 만족하고 있었다. 안타까운 것은 충분한 능력이 있는 사람들이 주어진 환경에 안주하는 현실이었다. 지금부터라도 꿈을 가지고 시간을 투자하면, 충분히 귀한 일들을 감당할 수 있을 것 같았다.

세상은 꿈을 두 부류로 나눈다. '작은 꿈이냐, 큰 꿈이냐'로 말이다. 그러나 내가 사람들의 꿈을 살펴본 결과, 꿈의 크기보다 중요한 것이 있었다. 그것은 바로 꿈의 가치였다.

누군가의 꿈은 굉장히 크고 거창했는데 그리 마음이 동하지 않았다. 나도 저런 꿈을 가져 보고 싶다는 느낌이 들지 않았다. 가치의 차이였다. 반면 작은 꿈이지만 나도 한번 동참해 보고 싶은 마음이 드는 경우가 있었다. 가치 있는 꿈이기 때문이었다.

왜 이런 차이가 났을까? 이는 그 사람에게 내재되어 있는 가치관의 차이었다. 그러한 가치관은 세상을 바라보는 관점, 자신을 바라보는 관점, 그 속에서 자신이 해야 할 일을 깨닫는 능력에 의해 형성되는 것이었다. 그 사람의 생각의 질이 가치 있는 꿈과 그렇지 못한 꿈을 만들어 냈다.

그렇다면 가장 가치 있는 꿈은 무엇일까? 가치 있는 꿈은 결국 가치 있는 사고를 하는 사람에게서 나온다. 세상을 알고, 자신을 알고, 그 사이에서 무엇을 해야 할지를 분명히 아는 사람은 누구일까? 역사 속 위대한 사상가들이나 활동가들의 꿈이 가치 있는 꿈에 가까울 것이라고 생각했다. 그러나 한편으로는 이들이 아무리 탁월한 생각을 가지고 가치 있는 꿈을 꾸었다 할지라도 결국 사람이 아닌가 싶은 회의가 들었다.

그렇게까지 생각하고 보니 가장 가치 있는 꿈은 하나님의 꿈이라는 결론이 나왔다. 이 세상을 지으신 하나님보다 세상을 더 분명히 아는 사람이 누가 있을까? 하나님 자신보다 더 가치 있는 생각을 품을 수 있는 사람이 누가 있을까? 다른 누구를 통해 품게 된 꿈보다 더 가치 있는 꿈은 하나님 안에 담겨 있는 꿈이다.

그렇다면 하나님의 꿈은 무엇인가? 이는 성경의 주제와 연관이 있다. 성경 속에는 하나님의 계시가 담겨 있다. 하나님의 말씀과 일하심을 통해서 하나님의 꿈을 알 수 있다. 하나님은 무엇을 지향하고 계신가? 바로 하나님 나라다.

이는 예수님과 사도들의 사역을 통해서 분명하게 드러난다. 먼저 예수님의 사역의 시작과 끝은 하나님 나라를 선포하는 데 집중되었다.

때가 찼고 하나님의 나라가 가까이 왔으니 회개하고 복음을 믿으라 하시더라(막 1:15).

예수께서 이르시되 내가 다른 동네들에서도 하나님의 나라 복음을 전하여야 하리니 나는 이 일을 위해 보내심을 받았노라 하시고(눅 4:43).

그가 고난받으신 후에 또한 그들에게 확실한 많은 증거로 친히 살아
계심을 나타내사 사십 일 동안 그들에게 보이시며 하나님 나라의 일을
말씀하시니라(행 1:3).

예수님은 하나님 나라가 가까이 왔음을 선포하시고, 하나님 나라
가 어떠한지 말씀으로 가르쳐 주시고, 하나님 나라의 삶을 행동으로
보여 주시고, 그 나라에 어떻게 들어가며 그 나라의 백성의 삶은 어떠
한지를 가르쳐 주셨다.

더불어 십자가와 부활을 통해 모든 사람이 그 나라에 참여할 수
있도록 길을 여셨다. 또한 부활 승천하셔서 그 나라에 참여한 자들을
다스리고 인도하시며, 아직 동참하지 못한 사람들을 그 나라로 나아
오도록 인도하셨다. 이것이 예수님의 핵심 사역이었다.

세상에 하나님 나라를 세우는 일보다 더 귀한 꿈이 있을까? 성경
적 세계관에 따르면, 이 땅은 하나님의 나라로 세워졌으나 타락함으로
그 영광을 잃어버렸다. 타락한 세상에 하나님 나라를 세워 회복하는
일보다 더 귀한 일이 있을까? 하나님의 꿈은 이 세상을 향한 본래 목적
인 하나님 나라를 회복하는 것이다. 또한 개개인이 참된 하나님 나라
의 백성이 되고, 하나님 나라의 삶을 사는 것이다.

하나님 나라는 하나님을 경외함과 정의와 공의와 긍휼이 있는 나
라다. 하나님의 나라는 최고의 가치들이 실현되는 나라다. 바로 그 나

라를 이루는 것이 하나님의 꿈이다.

나는 하나님의 꿈을 발견하고, 이 세상에 이보다 더 귀한 꿈은 없다고 생각했다. 우리는 꿈을 설정할 때, 하나님의 꿈을 기반으로 삼아야 한다. 인생 경영의 가장 기초에 하나님의 꿈에 대한 앎이 선행되어야 한다. 이를 기반으로 자신의 삶을 구체적으로 실현시켜 나가야 한다. 이것이 반석 위에 자신의 삶을 짓는 일이다. 인생이 궁극적으로 추구해 나가야 할 가치가 여기 있으며, 그것이 우리가 추구해야 할 방향이자 도달해야 할 목적지이다. 실제로 하나님은 하나님 나라의 완전한 회복을 향해 역사를 진행시켜 나가고 있다.

이러한 하나님의 꿈을 발견하고 그 일에 동참했던 사람들이 사도들이다. 이들은 하나님의 구원 계획을 깨닫고 하나님의 꿈을 자신의 꿈으로 삼아 이 일을 구체화하기 위해 사명을 따라 행했다.

사도행전에서 밝히는 바울 사역의 핵심이 무엇인지 살펴보라.

그들이 날짜를 정하고 그가 유숙하는 집에 많이 오니 바울이 아침부터 저녁까지 강론하여 하나님의 나라를 증언하고 모세의 율법과 선지자의 말을 가지고 예수에 대하여 권하더라(행 28:23).

바울이 온 이태를 자기 셋집에 머물면서 자기에게 오는 사람을 다 영접하고 하나님의 나라를 전파하며 주 예수 그리스도에 관해 모든 것을 담대하게 거침없이 가르치더라(행 28:30-31).

바울의 사역은 하나님 나라를 나누는 일이었다.

나는 지금 어떤 꿈을 꾸며 살아가고 있는가? 그 꿈의 근본이 어디에 있는가? 나의 영광을 위한 꿈은 아닌가? 우리끼리 협력하여 조금 더 좋은 세상을 만들어 보자는 것인가?

하나님은 이 세상을 향해 하나님 나라 회복이라는 꿈을 꾸셨다. 하나님 나라! 다른 무엇보다 가치 있는 꿈이다. 우리의 모든 꿈에 기초석이 되어야 할 꿈이다. 인생의 경영을 어디서 시작해야 할까? 가장 가치 있는 꿈, 바로 하나님 나라다.

- 꿈이 있나요? 그 꿈은 얼마나 가치 있는 꿈이라고 할 수 있나요?
- 예수님께서 품으셨던 꿈은 무엇인지 생각해 보시기 바랍니다.
- 하나님 나라 세우기를 꿈꾼다면 어디서부터 어떻게 시작해야 할지 생각해 봅시다.

누가 주인인가

나는 작아져야 하고,
하나님은 커지셔야 했다.

개인주의 문화에 확연히 드러나는 최고의 가치는 '나'이다. 개인주의
는 자신의 가치를 가장 우선시하는 사회 문화다. 즉, 나 중심의 문화다.
모든 것이 나를 위해 존재해야 한다고 믿는다. 내가 가장 우선되어야
하고, 내가 기준이 되어 모든 선과 악이 구분된다. 나에게 좋으면 선이
고 나에게 나쁘면 악이다. 그렇기에 자아실현을 삶의 최고 목표로 삼
는다.

어떻게 보면 자아실현 자체는 나쁜 말이 아니다. 그 의미에 있어
하나님이 지으신 대로 본래 하나님의 형상을 회복하는 것을 자아실현

이라고 생각한다면 이는 귀한 일이다.

그러나 세상에서의 자아실현은 하나님과 분리된 채 자신의 욕망을 온전히 실현하는 것을 추구하기 때문에 문제가 된다. 이는 결국 내가 원하는 내 모습, 내가 원하는 가정, 내가 원하는 일터, 내가 원하는 세상으로 나아가게 된다. 결국 이기적 자아에 뿌리내린 꿈은 넓은 세상을 향해 나아가는 것 같아도, 결국에는 내가 원하는 세상일 뿐이다. 그 꿈이 아무리 크고 넓다 해도 그 중심에 늘 내가 있다면 그릇된 것이다.

자아실현은 신앙의 가장 깊은 영역의 싸움이다. 내가 내 인생의 주인인가, 하나님께 주인의 자리를 내어 드렸는가를 판가름하는 부분이기 때문이다. 이는 인생의 궁극적인 방향성의 문제이다. 이 치열한 싸움은 타인에게는 드러나지 않을 수 있다. 오직 자신과 하나님만이 알 수 있다. 때로는 자신도 모르게 속을 때가 있다. 그러나 하나님만은 분명히 아신다.

세상에서의 자아실현을 위해 살아가는 사람들에게 하나님은 어떤 존재일까? 그가 열심히 신앙생활을 하며, 입술로 하나님을 주님이라고 고백한다 해도 그 중심에서 주권이 교체되지 않는 이상, 하나님은 나를 돕는 분으로만 머무를 뿐이다. 나의 꿈과 계획을 도와주시는 좋은 분일 뿐이다. 내 꿈을 이루어 감에 있어 돕는 안내자 정도는 되실 수 있지만, 내 삶의 주도권을 가지고 이끄는 주인은 되실 수 없다.

성경은 우리에게 분명히 말한다. 하나님은 주(主, Lord)다. 세상의 중심은 내가 아니다. 하나님이시다. 이 세상은 하나님의 목적에 따라 시작되었고, 하나님의 목적에 따라 흘러가고 있다. 이 세상에서 가장 가치 있는 것은 하나님의 꿈을 실현하는 일이다. 이는 성경이 분명하게 선포하고 있는 메시지다.

하나님 나라 백성은 어떠한 사람인가? 예수님의 십자가 은혜만을 달콤하게 얻은 사람인가? 아니다. 예수님을 주님으로 영접한 사람이다. 예수님을 주로 영접했으나 여전히 남아 있는 죄성과 연약함이 있기에, 예수님만이 참으로 내 인생에 주인 되시기를 갈망하며 영적 성장, 전투를 거듭해 나가는 사람이 하나님 나라 백성이다.

하나님 나라 백성은 자기 잇속만 챙기는 자가 아니다. 헌신은 부담스럽지만 지옥은 가기 싫기에 속죄의 은혜만을 빼가려 하는 자가 아니다. 이것을 알아야 한다. 예수님을 주로 영접한 자들에게, 예수님을 따르는 자들에게 베푸시는 은혜가 바로 십자가를 통한 속죄의 은혜다.

나는 예수님을 구주로 믿고 따르기로 결정한 것에 이어 풀타임 목회자로 교회를 섬기기로 선택했다.

당시 이 모든 과정 속에 하나님의 인도하심이 있었음을 부인할 수 없다. 하나님의 인도하심을 의심할 수 없는 이유가 있다. 나는 예수님에 대해 알지도 못한 채 고등학교까지 살아왔던 사람이고, 교회를 다니기 시작한 뒤에도 목회자가 되고 싶은 마음은 눈곱만큼도 없었던 사람이기 때문이다. 그렇기 때문에 내가 지금 이 자리에 이른 것은 나를 인도하신 하나님의 섭리라고 할 수밖에 없다.

그렇다면 자아 중심의 사고방식과 가치관이 완전히 변화되었기 때문에 목회자가 되었는가? 그것은 아니었다. 예수님을 주로 모셨지만 내 안에는 여전히 자아 중심성이 남아 있었다. 이는 아주 내밀한 영적 전투의 영역이었다.

돌아보면 하나님은 지속적으로 나의 내면에 남아 있는 자아 중심성에 대해서 이야기하셨다. 신학생 때도 전도사 사역을 할 때도 그리하셨다. 그럼에도 안수받은 목회자가 된 후에도 말씀과 기도 가운데 내 안에 숨겨진 거대한 자아 중심성을 직면하지 않을 수 없었다.

이를 직면하는 것은 꽤나 괴로운 일이었다. 우리 안에는 하나님을 향해 살고자 하는 열망이 있기에, 오직 이기적으로 나만을 위해 살고 싶어 하는 욕망이 발견되면 당혹스럽기 그지없다. 그토록 직면하기 싫었던 마음을 사랑하는 이와의 영원한 이별을 통해 삶과 죽음을 진지하게 묵상하게 되면서 솔직히 인정하고 직면하게 되었다.

하나님을 위한다고 하면서도, 그 속에는 나의 영광을 위해 목회에 힘쓰는 내 모습이 있었다. 목회의 성공을 통해 사람들에게 칭찬과 인정을 받고 싶어 하는 모습이 있었다. 그분의 영광을 위해 하나님의 말씀을 전한다고 했지만, 그 속에는 사람들의 인정을 추구하는 마음도 있었다. 비전을 이야기했지만 이는 하나님의 비전이라기보다는 나의 영광을 위한 미래의 청사진이기도 했다.

하나님을 위해 살아왔다고 생각했지만 주님 앞에 가서 나의 삶의 역사가 드러날 때, 하나님은 나에게 주를 위해 한 것이 아무것도 없다고 말씀하실 것 같았다. 여러 가지 어리석음에도 불구하고 하나님의 섭리로 선한 열매들이 맺혔을 뿐이지, 나의 공로는 하나도 없을 것 같았다.

"하나님, 목회가 성공하게 해주세요. 하나님, 성장하는 교회가 되게 해주세요."

나는 이 기도가 하나님이 기뻐하시는 기도라고 믿었다. 이는 하나님의 일 아닌가? 물론 정직한 마음으로 하나님의 은혜를 구하는 기도라면, 이는 하나님이 기뻐하시는 기도일 것이다. 그러나 나의 중심을 정직하게 들여다보았을 때, 이는 나의 행복 청사진을 이루어 가는 데 하나님의 도움이 필요하다는 기도와 다를 바 없었다. 나는 하나님의 뜻을 정직하게 구하지 않았고, 내가 그린 청사진에 하나님의 결제 사인만을 요구했을 뿐이다.

삶과 죽음에 대해 생각하며, 내가 진정으로 삶에서 추구해야 할 것이 무엇인가 돌아보지 않을 수 없었다. 그것은 다름 아닌 하나님이 주인 되시는 삶이었다. 이것이 가장 우선되어야 했다. 거기서부터 시작되어야 했다. 내가 주가 되어서 내 삶에 하나님을 참여시키는 삶이 아니라 하나님이 주가 되셔서 내가 하나님의 꿈에 참여하는 삶이 되어야 했다. 하나님을 나의 인생의 청사진에 끌어들이려고 갖은 애를 쓰며 발버둥치는 삶이 아니라 내가 하나님의 청사진의 작은 한 모퉁이라도 참여하여 믿음과 사랑으로 헌신하는 것이 맞는 길이었다. 나는 작아져야 하고, 하나님은 커지셔야 했다.

성경에 기록된 믿음의 사람들과 사도들의 삶의 행적을 살폈다. 그들은 자신의 꿈을 위해 하나님을 끌어들이는 인생이 아니었다. 하나님의 꿈에 자신을 동참시키는 인생이었다. 하나님의 꿈을 이루기 위해 하나님께 받은 사명에 헌신하는 사람들이었다.

세상 관점으로 보면 초라하기 짝이 없는 삶이었다. 신약에서 가장 주목받았던 사도 바울, 그에게는 안정적으로 목회하던 교회도 없었다.

탁월한 선교사였으나 죽음 직전에는 로마의 감옥에 갇혀 지냈다. 게다가 생의 마지막도 억울하게 마감했다.

그러나 누가 그를 일컬어 가치 없는 인생이라고 할 수 있겠는가? 그는 하나님의 꿈에 동참해서 그 일을 위해 자신의 맡은바 임무를 다한 자가 아니던가? 이를 통해 영광의 면류관을 기다리던 자가 아니던가? 그는 바른길을 걸었다. 하나님을 자신의 인생에 끌어들이려 애쓰기보다 하나님께 끌려 들어갔던, 즉 하나님의 꿈에 동참한 자였다.

'내 꿈을 이루었다!'

멋진 말이다. 이 세상 사람들 모두가 부러워할 말이다. 열심히 한다고 무조건 이루어지는 것도 아니고, 여러 가지 환경과 조건이 맞아떨어져야만 가능하기 때문이다. 그러나 영원 앞에 섰을 때, 그것보다 더 귀한 말이 있다.

'하나님의 꿈에 동참했다!'

이 고백을 남기는 사람이 하나님의 사람이다. 이 고백을 남기는 사람이 하나님 앞에 남는다.

- 당신의 꿈의 주인은 나인가요, 하나님인가요?
- 그동안 주님을 내 삶에 끌어들이는 삶을 살아왔나요? 주님의 꿈에 참여하는 삶을 살아왔나요? 주님의 꿈에 참여하는 사람이 되고자 한다면 버릴 것은 무엇이고 취할 것은 무엇이 있을까요?

열매 맺을 터전

하나님의 꿈, 하나님의 나라.
이것이 우리를 향한 하나님의 부르심이다.

사람들에게 꿈을 물어보면 대부분 직업이나 학교를 이야기한다. 특정한 일을 하는 사람이 되는 것이 꿈인 양 이야기한다. 그러나 이는 인간이 품어야 할 근본적인 꿈이 아니다. 하나님이 인간에게 주신 근원적인 꿈은 하나님 나라다. 그 나라를 이루어 가는 삶이 우리가 궁극적으로 추구해야 할 꿈이다. 그 꿈은 열매 맺는 일로 구체화되어 간다.

그렇다면 그동안 많은 사람이 추구해 온 꿈들은 무엇인가? 이런 것들은 다 버려야 하는가? 아니다. 이와 같은 것들도 다 필요하다.

학교에 들어가고 일터를 잡고 가정을 이루는 것. 다 귀한 꿈들이다. 그러나 이는 근원적인 꿈을 이루기 위한 도구이다. 하나님의 꿈을 이루기 위한 터전으로서의 꿈이다. 근원적인 꿈과 터전으로서의 꿈은 엄연히 다르다.

근원적인 꿈은 어떤 면에서 절대적인 하나님의 부르심이다. 시대를 막론하고, 하나님께 부름받는 모든 사람에게 주어지는 꿈이다. 그러나 터전으로서의 꿈은 시대적 환경과 개인의 상황과 조건에 따라서 얼마든지 바뀔 수 있다.

터전으로서의 꿈을 바라볼 때, 두 가지 극단이 있음을 보게 된다. 하나님의 백성의 길은 좌우로 치우치지 아니하고, 하나님이 기뻐하시는 길을 분별하여 올곧게 걸어가는 것이기에 이를 잘 분별해야 한다.

먼저는 이를 지나치게 중요하게 생각하는 극단이다.

학교와 직업을 꿈의 전부로 생각하는 관점이다. 청년들을 상담해 보면 '내가 무슨 직업을 가져야 할까? 내가 어떤 직장에 들어가야 할까?'에 대해서 심각하게 고민한다. 마치 원하는 직장에 들어가거나 직업을 가지게 되면 인생의 모든 꿈을 이룬 것처럼 생각한다. 반대로 그것을 이루지 못하면 인생을 다 실패한 것처럼 생각한다.

하나님도 그 안에 매몰되어 있는 분처럼 오해한다. '도대체 하나님은 내가 어떤 곳에 들어가서 일하길 원하실까?' 그러나 하나님은 우리 개개인의 삶 자체에 깊은 관심을 가지고 계시다. 그분은 우리 머리카락 수까지 헤아리시며, 깊은 한숨에도 반응해 주신다. 우리의 일터에 대한 것도 그런 의미에서의 관심이다. 하나님은 내가 어디 갈 것인지에 대해서만 온 신경을 쏟아붓는 분이 아니다. 사람들 가운데 때로는 이에 지나칠 정도로 매이는 모습을 본다.

아쉬운 것은 이에 비해 근원적인 꿈에 대한 고민은 미미하다는 점이다. 하나님 나라를 위해 내가 어떻게 헌신해야 하는지에 대해 고민하는 경우는 많지 않다. 이는 치우친 것이다. 조금 과격하게 말하자면, 하나님의 꿈만 확고하게 품고 있다면 어느 곳에 가도 상관없다. 하나님의 성품과 반대되는 일만 아니라면 무슨 일을 해도 괜찮다. 하나님의 뜻은 어떠한 일을 하는가보다 그곳에서 어떻게 살아가는가에 초점이 맞추어져 있기 때문이다.

직업을 자유롭게 선택하고 고를 수 있는 시대가 된 지는 얼마 되지 않았다. 예수님이 이 땅에 오셨을 때도 마찬가지고, 예수님이 오신 후에도 수백 년간 직업을 자의로 선택할 수 있는 사람은 극히 드물었다. 선택할 만한 직업도 그리 많지 않았다. 이 시대의 사람들이 주장하는 자아실현이 가능한 사람들이 얼마나 되었을까? 아버지가 하시던 일을 그대로 물려받고, 주어진 상황과 여건에 맞춰서 일을 해야만 하는 사람이 대다수였다.

어떤 직장을 가고 어떤 직업을 가질까에 대한 고민은 우리가 이 시대를 살고 있기에 할 수 있는 고민들이다. 그러하기에 이것은 절대적인 부르심이 아니라 터전으로서의 부르심이다. 자신에게 잘 맞는 곳에 가서 좋은 사람들과 가치 있는 목표를 품고 일하는 것은 좋은 일이다. 이를 통해 삶의 기반을 닦을 수 있고, 하나님 나라 일을 감당하기 위한 터전을 마련할 수 있다.

그러나 이에 대해 과도하게 집중하고, 잘못 선택한 것에 대해 인생이 망가진 것처럼 생각하거나, 실패한 인생처럼 자책하는 것은 옳지 않다. 직업과 일을 기준 삼아 높고 낮고, 잘되고 못되고를 비교하는 것도 무의미하다. 이는 말 그대로 터전이기 때문이다.

또 다른 하나의 극단은 직업 선택을 완전히 무시하는 경우다.

모든 사람을 향한 하나님의 절대적인 부르심이 귀한 것은 사실이다. 그러나 이 점을 강조하다 보니 직장은 전혀 필요하지 않은 것처럼 여기는 사람들도 있다. 이단에 속한 사람들 가운데 다니던 직장을 그만두고, 가정조차 버리고 나와서 사람들을 끌어모으는 일에 헌신하는 사람들이 있다. 이는 또 다른 극단이다.

'하나님 나라'라는 절대적인 부르심이 귀한 것은 사실이지만, 이는 이상 속에서만 이루어지는 부르심이 아니다. 그 부르심은 삶의 터전 속에서 이루어진다. 하나님 나라를 세워 가는 일은 가정과 일터, 학교 등 우리가 속한 곳에서 이루어지는 일이다. 그렇기 때문에 삶의 터전을 소홀히 여겨서는 안 된다.

신약은 하나님의 백성 한 사람 한 사람이 교회의 역할을 감당한다고 말한다. 그들 모두에게 예수님이 머리 되시고 그들 안에 주의 영이 거하시기 때문이다. 그 사람들은 하나님 나라를 이루려는 하나님의 꿈을 가지고 가정과 일터에 서 있다. 주를 따라 성장하는 자로, 예배자로, 전도자로, 봉사자로, 또 다른 작은 그리스도로서 그곳에 서 있다. 그가 하나님의 꿈을 품고 있는 것만큼이나 그가 서 있는 자리도 중요하다. 그 이유는 하나님이 우리를 그곳에서 참된 교회, 하나님의 백성이 되라고 부르셨기 때문이다. 그곳은 사명지이다.

직업 선택의 자유가 주어짐에 따라 지나친 경쟁도 일어났지만, 복음의 일을 위해서라면 직업 선택의 자유가 주어진 것이 더 좋은 일이다. 이전 같으면 정해진 사람만이 그 분야에 들어갈 수 있었지만, 이제는 어떠한 분야든 도전할 수 있는 선택의 기회가 열려 있기 때문이다.

하나님의 나라는 각 사람의 헌신을 통해 어느 곳에나 세워질 수 있게 되었다. 모든 사람이 그러한 여건에 있는 것은 아니겠지만, 자신의 재능과 능력을 통해 다양한 영역에서 주의 복음을 나누고, 복음으로 사람을 세울 수 있는 환경이 조성되었다.

하나님의 꿈을 이룰 터전을 무시하기보다는 하나님의 꿈을 품고 이를 이루어 갈 터전을 위해 준비하고 기도하여 하나님께 쓰임받는 자가 되려는 것이 더 지혜롭다.

그렇다면 어떻게 하는 것이 하나님의 사람으로 서는 길일까?

첫째, 삶의 터전이 삶의 가치를 판단하는 기준이 되게 하지 말아야 한다. 직업에 귀천이 없다는 말이 있다. 맞는 말이다. 그러나 우리는 터전에 따라서 삶의 가치를 평가하고 판단하는 시대에 살고 있다. 많은 부와 명예를 주는 직업이 좋은 직업으로 평가되고, 그렇지 못한 직업은 피해야 할 직업으로 폄하된다.

이는 옳지 않다. 사람은 살아 있는 것만으로도 존중을 받아야 한다. 그의 생명은 주님이 허락하신 것이기 때문에 그러하다. 한 사람의 가치는 그가 있는 삶의 터전보다 그곳에서 어떠한 것을 바라보고 무엇을 향해 살아가는지에 달려 있다. 이것이 하나님의 기준이다. 하나님의 꿈을 품고 있다면 그 사람은 어느 곳에 있든지 가치 있는 삶을 살고 있는 것이다.

이 세상에는 스스로 노력하면 원하는 것에 이를 수 있는 사람이 있고, 노력을 하지 않아도 원하는 곳에 이를 수 있는 사람이 있다. 그러나 노력을 해도 어쩔 수 없이 포기해야 하는 사람도 있고, 노력조차도 할 수 없는 형편에 놓인 사람도 있다. 삶의 터전은 한 사람의 가치를 결정할 수 없다. 어느 곳에 있든지 그가 하나님 나라를 위해 헌신하고 있다면 그는 단연코 가치 있는 존재이며 영원 앞에 남는 삶을 살고 있는 사람이다.

둘째, 삶의 터전을 위해 준비해야 한다. 삶의 터전이 절대적인 것은 아니지만, 이는 하나님 나라를 이루기 위한 좋은 도구가 될 수 있음을 앞서 밝혔다. 그러하기에 하나님의 꿈을 품고 사는 자라면 그 꿈을 이루어야 할 터전을 준비하고, 그곳에 들어가 헌신하는 것이 마땅하다. 자신의 힘과 능력으로 감당할 수 없는 상황이라면 어쩔 수 없으나, 노력을 하지 않아 하나님이 주신 사명을 감당할 터전을 놓친다면, 이는 안타까운 일이다.

이왕이면 자신의 재능과 부합하는 영역에서 일하는 것이 좋을 것이다. 그러나 특별한 하나님의 부르심이 있을 수도 있다. 그렇기 때문에 자신에게 가장 잘 맞는 것을 탐구해야 하며 하나님의 인도하심을 깨닫는 영적 민감성을 발휘해야 한다.

하나님의 꿈, 하나님의 나라. 이것이 우리를 향한 하나님의 부르심이다. 내 삶의 현장이 먼저 하나님의 나라가 되고, 내가 속한 삶의 터전이 정의와 공의, 긍휼이 머무는 하나님 나라가 되기를 준비하며 기도

할 필요가 있다. 이 꿈을 품고 주님과의 사귐을 추구하는 자를 하나님
은 인도하실 것이다.

- 하나님 나라를 위한 삶의 터전으로서의 꿈은 무엇인가요?
- 나는 그 꿈을 이루기 위해 어떠한 준비를 하고 있나요?
- 현재 삶의 터전에서 하나님 나라를 이루기 위해 어떠한 시도를 하고 있나요?

어떤 열매를 추구할 것인가

주님이 기뻐하시는 열매로 삶을 채우길 원한다면,
주와 연합되어 있어야 한다.

살아온 삶에는 그에 합당한 열매가 남는다. 어떤 삶을 살아왔느냐에 따라 그 열매의 가치가 결정된다.

여러 설교를 통해서 열매 맺는 삶을 살아야 한다는 이야기를 많이 들었다.

너희가 열매를 많이 맺으면 내 아버지께서 영광을 받으실 것이요 너희는 내 제자가 되리라(요 15:8).

열매를 잘 맺으면 하나님이 보상해 주신다는 이야기도 들었다. 그 보상들이 구체적으로 무엇인지는 주님 앞에 가봐야 알 수 있겠지만, 면류관이라는 단어를 통해 열매에 대한 보상이 반드시 주어짐을 알 수 있었다.

보상을 바라는 마음이 나쁜 것은 아니다. 보상은 열심히 일한 자를 향한 하나님의 선물이다. 다만 문제가 되는 것은 내가 원하는 때에, 내가 원하는 방법으로, 내가 원하는 것을 통해 보상해 주길 기대하는 것이지, 하나님이 좋은 것으로 당신의 백성들에게 보상의 선물을 베푸시는 것 자체는 문제가 아니다. 주의 사도들도 주님의 보상을 기대하며 주의 일에 헌신했다.

이기기를 다투는 자마다 모든 일에 절제하나니 그들은 썩을 승리자의 관을 얻고자 하되 우리는 썩지 아니할 것을 얻고자 하노라(고전 9:25).

목자장이 나타나실 때에 시들지 아니하는 영광의 관을 얻으리라
(벧전 5:4).

그렇다. 분명히 보상이 있다. 승리자의 관과 영광의 관이 바로 면류관이다. 그런데 내가 늘 궁금했던 것은 보상의 유무가 아니라 어떤 열매를 맺어야 하는가였다. 주의 백성은 열매를 맺어야 한다고 하는데, 그 열매가 구체적으로 무엇인지에 대해서는 분명하게 듣지 못했다. 열매를 맺기만 한다면 보상은 자연적으로 하나님의 주권 가운데 주어

지는 것이다.

그래서 우리가 맺어야 할 열매들을 성경에서 찾아보았다. 하나님의 사람들이 맺어야 할 열매는 무엇일까?

성경이 말하는 열매는 두 가지다.

첫째, 하나님의 성품을 닮은 삶이다. 이는 하나님 나라 백성의 삶이다. 한국 기독교 리더십의 도덕적 실패에 대한 소식이 언론을 통해 자주 들려온다. 이런 소식이 들려올 때마다 나는 두 가지를 놓고 기도를 드린다.

먼저는 "하나님, 한국 교회 리더십 가운데 아름다운 삶의 열매를 회복시켜 주옵소서"다. 설교 테이프와 서적, 거대한 교회 건물, 사역 업적, 수상 경력 등 가시적인 열매는 많을 수 있다. 그러나 그것보다 더 중요한 열매는 '하나님을 닮은 삶'이다. 그러한 열매를 남길 수 있다면 한국 교회가 사회의 모범 답안이 될 수 있을 것이다.

또 하나는 "하나님, 저의 삶을 지켜 주옵소서"다. 나 역시 그들과 동일하게 무너지기 쉬운 인생임을 너무나도 잘 안다. 그러하기에 먼저는 이를 행하려는 나의 열심과 더불어 주의 은혜가 필요하다. 악한 세력이 몰려올 때, 인간은 너무나도 무력해진다. 약간의 빈틈으로 인해 방어벽이 단숨에 무너지기도 한다. 주님이 은혜로 붙잡아 주시지 않는다면 연약한 인간이 어찌 감당할 수 있을까?

성령의 열매만 맺히길 소망한다. 사탄이 기뻐할 열매는 메마르고, 주님이 기뻐하실 열매만이 풍성하기를 기대한다.

양 무리의 본이 되라 그리하면 목자장이 나타나실 때에 시들지 아니하
는 영광의 관을 얻으리라(벧전 5:3-4).

선한 본이 되는 삶, 그 삶이 면류관을 부른다. 성경에서는 하나님
을 닮은 삶의 열매를 '성령의 열매'라고 일컫는다. 더불어 성경은 인간
의 타락을 이야기한다. 하나님께서 인간을 하나님을 닮은 존재로 지으
셨지만, 사람은 하나님을 닮은 존재로 살아가지 않았다.

하나님께서는 다시 우리를 부르셔서 하나님을 닮은 성숙한 삶의
열매를 맺길 원하신다. 사랑, 희락, 화평, 온유, 자비, 양선, 충성, 온유,
절제 등의 열매를 맺기를 원하신다. 우리가 삶의 순간마다 주님을 닮
아 가기를 사모하고, 주님과 사귐을 가지며, 혹 잘못을 범했을지라도
지속적으로 회개하며 살아갈 때 이러한 열매들이 맺힐 것이다.

둘째, 헌신을 통해 세운 사람이 열매다. 전도와 양육이 열매다. 하
나님께서 죄 없는 아들 예수님을 이 땅에 보내셨다. 예수님은 이 땅에
오셔서 십자가에 달려 죽으셨다. 왜 죽으셨는가? 우리 죄를 담당하기
위함이다. 그가 짊어지신 십자가로 인해 하나님은 우리의 모든 죄를 사
해 주셨다. 그분은 회개함으로 주님께 나아오는 자들의 죄를 용서해
주신다.

우리는 이 기쁜 소식을 전함으로 다른 사람들이 하나님의 자녀로
거듭나도록 섬길 수 있다. 또한 이들이 그리스도의 장성한 분량에 이
르도록 섬길 수 있다. 그로 인해 세워진 삶이 주님 앞에 남을 열매다.

바울은 이렇게 고백한다.

우리의 소망이나 기쁨이나 자랑의 면류관이 무엇이냐 그가 강림하실 때 우리 주 예수 앞에 너희가 아니냐(살전 2:19).

바울은 전도하여 양육한 사람들이 자신의 면류관이라고 고백한다. 하나님께 인도한 영혼이 우리가 받을 면류관이다. 기도하고 사랑하며 복음으로 섬겨서 주님의 사람으로 세운 자들이 우리가 받을 면류관과 동일하다고 고백하고 있다.

예수님이 베드로를 부르실 때 어떠한 삶으로 부르셨는가? 사람을 하나님의 자녀로 세우는 삶이다.

내가 너희를 사람을 낚는 어부가 되게 하리라(마 4:19).

만약 이 세상이 이미 하나님 나라라면, 전도의 열매는 필요 없을 것이다. 하나님 나라 백성으로 성령의 충만함을 받아 사는 것으로 충분했을 것이다. 그러나 이 세상은 하나님을 경외하지 않는다. 그러하기에 하나님은 우리가 살아가는 동안 맺는 전도의 열매, 양육의 열매를 귀하게 보신다. 한 영혼을 하나님의 백성으로 세우는 일을 귀하게 바라보신다. 주님과 동역하여 맺은 열매를 보시고 그 수고를 인정하신다. 그것이 이 세상에서 하나님 나라를 이루어 가기를 원하시는 하나님의 마음이다.

나는 그동안 어떠한 열매를 위해 살아왔는가? 하나님 앞에 가지고 가지도 못할 열매들을 위해 평생을 애쓰며 살아오지는 않았는가?

수고의 대가로 받을 물질에만 집착하지 않았는가? 수고의 대가로 받을 자리에만 집중하지 않았는가? 수고의 대가로 받을 세상의 상에만 관심을 두지 않았는가? 나는 어떠한 열매를 기대하고 헌신하며 살았는가?

이 질문들을 통해 냉정히 자신을 분석하며 삶의 방향을 전환하는 것이 필요하다. 우리가 그동안 구했던 꿈들, 들어가고 싶은 학교, 장래에 이루고 싶은 직업이나 직장, 꾸리고 싶은 가정은 무엇인가? 이것들은 궁극적인 열매를 맺기 위한 터전이며, 더 본질적인 일을 이루기 위한 수단이다. 그런데 우리는 그동안 이러한 것을 목적으로 삼았던 것은 아닌가?

그렇다면 이러한 열매를 맺는 비결은 무엇인가? 예수님은 이에 대해 분명히 밝히셨다.

나는 포도나무요 너희는 가지라 그가 내 안에, 내가 그 안에 거하면 사람이 열매를 많이 맺나니 나를 떠나서는 너희가 아무것도 할 수 없음이라(요 15:5).

주와의 친밀한 연합이다. 주와 연합하는 자가 주의 일을 감당한다. 주와 연합하는 자가 주님이 기뻐하실 열매를 맺게 된다. 신앙생활은 내 힘과 능력으로 감당하는 것이 아니다. 그 길에는 늘 실패와 좌절이 따른다. 신앙의 열매는 주를 의지함으로 맺어지는 열매다. 주의 능력으로 맺어지는 열매다. 그러하기에 무엇보다 필요한 것은 주님과의 친밀한 연합이다.

열매 맺기를 원한다면, 주님이 기뻐하시는 열매로 삶을 채우길 원한다면, 주와 견고하게 연합되어 있어야 한다.

주의 말씀을 가까이하고, 그 말씀을 마음에 새기고 기도하며 주와 동행하는 삶. 그 속에 주님은 하나님 나라의 꿈을 심으실 것이고, 자신과 타인 안에 그 나라가 온전히 세워지기까지 우리를 사용하시고 인도하실 것이다.

- 그동안 내가 맺은, 또한 맺고자 하는 열매들은 무엇인지 생각해 보십시오.
- 주님의 성품을 닮은 삶, 섬김을 통해 세워진 사람들, 영원을 위한 열매가 내 삶에 얼마나 이루어져 있는지 생각해 보십시오. 또한 이를 위해 앞으로 어떻게 해야 할지 실천 계획을 세워 보십시오.

슈퍼맨이 아닌 사명자다

한 걸음씩, 한 번씩, 하나씩
나에게 주어진 하나님의 뜻을 이루어 가는 발걸음,
그것이 사명의 길이다.

세상에 필요한 일 중에 선하고 좋은 일은 많다. 하나님 나라를 세워 가는 일에 있어서도 마찬가지다. 그러나 선한 일이라고 다 감당할 수는 없다. 이것이 현실이다. 한 사람이 해낼 수 있는 일의 한계가 있기 때문이다. 한 사람이 할 수 있는 분량은 정해져 있는데, 그 이상을 갈망하다 보면 탈이 난다.

어려운 사람을 보면 돕고 싶다. 믿지 않는 사람을 보면 전도하고 싶다. 힘든 문제에 둘러싸인 사람을 보면 문제를 해결해 주고 싶다. 교회와 나라를 생각하면 하루 종일 기도하고 싶다. 이외에도 선한 일은 참 많다. 그러나 이 모두를 한 사람이 감당하기란 불가능하다.

자신의 성장으로 인해 섬김의 영역이 점차 확장되는 것은 권할 만한 일이다. 그러나 선하고 좋은 일이라고 해서 역량 이상의 일을 다 감당해야만 한다는 생각에 사로잡혀 있는 것은 건강하지 못하다.

간혹 우리는 스스로를 슈퍼맨이나 스파이더맨과 같은 히어로라고 착각한다. 모든 일을 다 해결할 수 있는 사람이라고 생각하는 것이다. 그러나 우리는 슈퍼맨이 아니라 사명자다. 사명자는 모든 선한 일을 감당하는 사람이 아니다. 사명자는 하나님이 자신에게 맡기신 분량의 선한 일을 충성되게 감당하는 사람이다.

나는 그동안 사명자로 살기보다는 슈퍼맨으로 살고 싶어 했던 것 같다. 눈에 보이는 일은 다 내 책임 같아 보였다. 그러다 보니 누가 뭐라고 하지도 않았는데 혼자서 자책하곤 했다. 세상의 다양한 필요를 보면서 내가 채워야 하는데 그렇게 하지 못하고 있다고 생각했다. 교회의 필요가 보이면 무조건 내가 채워야 한다고 생각했다. 주변 사람들의 필요를 깨닫고 나면 내가 다 도와야 한다고 생각했다.

내가 다 채울 수 있는 일들이었을까? 아니다. 내게는 그럴 역량이 없었다. 내가 감당해야 되겠다고 생각했던 일들을 다 채울 수가 없었다. 이러한 내 모습이 답답하고 스스로에게 화도 났다. 낙심노 하고 사책도 했다. 나는 슈퍼맨, 척척박사가 되고 싶었던 것 같다. 그러나 후에 알게 되었다. 그것은 내가 할 수 있는 일도 아니었고, 하나님이 나에게 그걸 기대하신 것도 아니라는 사실을 말이다.

한참 이 일에 대해 괴로워하던 끝에 나 자신에 대해 냉정한 분석을 했다. 그 결과 내가 모든 것을 감당할 역량의 사람이 아니라는 것을 깨달았다. 그 모든 것을 감당하려고 했던 것은 모든 이에게 좋은 사람으로 인정받고자 하는 욕심 때문이란 것을 알았다. 그 욕심은 그릇된 것은 아니었으나 역량이 안 되는 나를 괴롭히고 있었다. 나는 늘 자책하는 마음으로부터 자유로워지기를 원했다. 건강한 자기 성찰은 사람을 세우지만, 파괴적인 자책은 스스로를 죽일 수 있다.

역량이 안 된다는 것을 처절하게 깨닫고 난 후 나는 욕심을 내려놓기 시작했다. 좌절이 되기보다는 자유로워졌다. 모든 것을 잘해야 한다는 부담에서 점차 벗어났다. 모든 일을 감당해야 한다는 책임감을 내려놓았다. 그러자 하나님이 나에게 맡겨 주시는 일이 보이기 시작했다. 나는 그것에 집중하기로 했다.

하나님이 세상 속에 그리시는 그림에 전반적으로 참여하고자 하는 욕심을 내려놓았다. 그럴 능력도 안 되는데 욕심만 잔뜩 품었으니 그동안 얼마나 괴로웠겠는가? 이제는 하나님이 세상 속에 그리시는 그림 가운데 한 조각만이라도 참여할 수 있으면 좋겠다고 생각한다. 그리고 그렇게 하기 위해 맡겨진 사명에 집중하려고 한다.

이 일을 통해서 분명히 깨닫게 된 것이 있다. 모든 것을 잘할 수는 없지만 내가 잘할 수 있는 것이 분명히 있다는 사실이다. 모든 사람을 구원할 수는 없지만 내가 구원해야 할 사람이 있고, 모든 선한 일을 할 수는 없지만 내가 행해야 할 선한 일이 있고, 모든 필요를 채울 수는 없지만 내가 채워 줘야 할 필요가 있고, 모든 섬김을 감당할 수는 없지만 내가 감당해야만 하는 섬김이 있다는 사실이다.

이 세상의 모든 일을 해낼 수는 없지만, 분명 내가 해내야 할 일들이 있다. 그것에 집중하는 것이 내가 할 일이다. 할 수 없는 일에 부담을 느끼며 소진되기보다는 할 수 있는 일에 집중하는 것이 지혜롭다.

성경을 읽다 보면 하나님이 사람들에게 주신 사명이 다 다르다는 점을 알 수 있다. 하나님은 모든 사람이 각자의 사명대로 감당하는 헌신을 통해서 큰 그림을 완성해 가신다.

우상숭배가 만연했던 시기, 하나님은 권능의 사람 엘리야를 통해서 이스라엘에게 충격을 주기를 원하셨다. 그러나 엘리사는 달랐다. 엘리사는 실제적으로 선지자들을 키워 내는 일을 맡았다. 엘리야가 강력한 부흥회를 인도하며 불을 붙이는 사람이었다면, 엘리사는 차분히 다음 세대를 준비하는 사람이었다. 둘 다 하나님의 사람이었지만 사역은 달랐다. 사역은 달랐지만 두 사람은 맡겨진 사명에 충성하며 성실히 그 일을 감당했고, 그 일을 통해 하나님이 그리시는 그림의 한 부분을 채울 수 있었다.

누가 더 잘했고 못했고를 비교할 것이 없었다. 사명이 달랐기 때문이다. 만약 엘리사가 사람도 키우고, 엘리야처럼 메신저로의 일도 하려고 했다면 어떠했을까? 일도 잘 안 되고 스스로도 괴로웠을 것이다. 그러나 엘리사는 자신만의 길을 걸어갔다. 그것이 엘리사의 사명이었다.

베드로는 유대인들이 예수님을 따르도록 이끄는 일에 힘썼다. 반면 바울은 이방인들이 예수님을 따르도록 이끄는 일에 힘썼다. 두 사람의 사역의 대상은 달랐지만, 둘 다 하나님의 사람으로서 맡겨진 일에 충성을 다했다.

나는 신학생 때부터 설교자로 쓰임받기를 기도하며 준비해 왔다. 그러나 간혹 열정적으로 예배하는 찬양 인도자나 탁월한 봉사자나 하나님의 마음을 담은 탁월한 중보 기도자를 보게 될 때면 그렇게 부러울 수가 없었다. 나도 그들과 같은 일을 해야만 할 것 같은 부담을 느꼈다. 그러나 삶과 죽음을 묵상하면서 생각이 바뀌었다. 한정된 시간 가운데 모든 일을 훌륭하게 감당하지 못할 것 같다면, 내가 할 수 있는 일에 나의 전부를 쏟는 것이 더 지혜롭다고 생각했다.

흥미로운 것은 할 수 있는 일에 집중하다 보니 할 수 있는 영역이 조금씩 늘어 가게 되었다는 점이다. 설교에 집중하다 보니 다른 교회에서 설교를 부탁해 오기도 했고, 설교문을 정리하고 다듬는 일에 집중하다 보니 책 출간으로 진행되기도 했다. 앞으로도 말과 글을 통해서 하나님의 꿈과 사랑을 전하는 자로 살아가야겠다고 생각하고 있다. 영성을 기반으로 늘 성장하여 하나님의 지혜를 나누고 성도들과 공유하는 삶을 꿈꾼다.

나는 지금 내게 맡겨진 목양지를 잘 섬기는 일에 충성하고자 노력한다. 당장은 세계 복음화와 남북통일에 기여할 수가 없다. 지금 내가 집중하고 충성하고 헌신해야 하는 사명은 나에게 맡겨진 주의 백성들을 말씀으로 잘 먹이고 세워 가는 일이다. 그 일에 충성하다 보면, 주님께서 좀더 많은 일을 맡겨 주실 수도 있을 것이다.

좋은 일은 세상에 많다. 그러나 그 가운데 내가 반드시 해야 할 일을 찾아야 한다. 하나님은 나에게 그림 전체를 맡긴 것이 아니라 그림의 일부분을 채우길 원하셨다. 한국에 있는 모든 사람을 돌보라고 하시지 않았다. 다만 내가 충성되게 섬길 지역 교회를 허락해 주셨다. 그것이 내가 충성해 나가야 할 영역이었다.

이러한 삶을 살기 위해서는 두 가지가 필요하다.

먼저는 스스로에 대한 지나친 기대와 욕심을 내려놓아야 한다. 선뜻 받아들이기 쉽지 않지만 내 분수를 알아야 한다. 내 그릇을 알아야 한다. 거기서부터 시작해야 한다. 거기서부터 성장해 가야 한다. 일단은 주어진 그 일에 집중하는 것이 먼저다.

다음은 하나님과의 친밀한 관계 속에서 오늘 나의 현장에서 말씀하시는 하나님의 뜻에 순종하는 일이다. 모든 일을 하지는 못하지만, 오늘 나의 삶 가운데 하나님이 명하시는 일이 있다. 그 일을 알아차리고 순종하는 일이다. 그 일에 집중하는 것이 중요하다.

이렇게 지내다 보니 그 속에서 조금씩 행복을 배워 가기 시작했다. 만족을 느끼기 시작했다. 세상의 자그마한 구석에서 살아가면서도 삶의 가치를 잃지 않고 우직하게 걸어갈 수 있는 원동력이 되었다. 하나님과의 친밀한 관계 속에서 내가 할 수 있는 일에 집중하며 한 걸음씩 한 번씩 하나씩 나에게 주어진 하나님의 뜻을 이루어 가는 발걸음. 그것이 사명의 길이다.

멀리 보고 넓게 보기 이전에 내가 속한 학교와 직장에서, 가정과 교회에서 감당해야 할 일부터 살펴보는 것이 중요하다. 그것이 시작점이기 때문이다.

하나님 나라를 꿈꾸며 믿음의 여정을 시작하기로 했다면, 슈퍼맨이 아닌 사명자로 살아가면 된다. 불러 주신 주님의 뜻을 살피며 한 걸

음씩 걸어가는 삶을 살아갈 때 하나님 나라의 큰 그림에 참여하는 삶
이 될 것이다.

- 내게 주어진 일들을 나열해 보십시오. 그중에 하나님의 관점에서 가치에 따라 우선순
  위를 매겨 보십시오.
- 내가 현재 감당하는 일의 근원이 하나님인지 다른 마음인지 생각해 보시기 바랍니다.
- 하나님께서 맡겨 주신 사명이 무엇인가요? 그 사명을 따라 살고 있나요? 이에 집중하
  기 위해 내려놓아야 할 일들은 무엇인가요?

관계 속에서 행하라

궁극적인 목표는 하나님과의 동행이다.
업적을 세우고 경력을 쌓는 것이 신앙생활이 아니다.

여행을 좋아하는가? 나에게는 여행을 좋아하는 친구가 한 명 있다. 이 친구는 방학만 되면 늘 여행을 다녔다. 나에게도 같이 여행을 가자고 했었지만, 안타깝게도 난 여행을 즐기는 편이 아니었다. 예민한 소화 기관 탓에 어딘가를 가는 것이 늘 부담스러웠기 때문이다. 여행을 함께하지는 못했지만 그의 여행기를 들어 주는 좋은 벗은 되어 줄 수 있었다. 나는 그의 여행기를 듣는 것이 참 즐거웠다.

내 친구는 소신 있는 여행가였다. 여기저기 다녀왔다는 자랑만 늘어놓는 자가 아니라 자신만의 분명한 목적을 가지고 여행을 떠나는 자였다. 그의 여행에는 특징이 있었다. 첫째, 가이드를 동반하지 않았다. 둘째, 누가 되었건 함께 갔다. 혼자 가는 일은 결코 없었다. 함께 가는 사람들 중에는 친한 사람도 있고, 여행을 같이 가기에는 좀 덜 친해 보이는 사람들도 있었지만, 그것은 문제가 되지 않았다. 누가 되었건 함께 갔다.

후에 그는 그 이유에 대해서 이야기해 주었다. 그것은 그의 여행 목적 때문이었다. 그는 여행을 가서 어떤 일을 하거나 무엇을 보거나, 체험하는 일에 목적을 두지 않았다. 그의 여행 목적은 언제나 사람을 사귀는 것이었다. 그에게 여행은 사람을 사귀는 통로이자 한 사람을 알아 가는 시간이었다. 그의 여행의 목적은 '사귐'에 있었다.

여행지에 가서 의미 있는 유적을 보고 사진도 찍고 우리나라에서 해볼 수 없는 경험을 하는 것도 좋지만, 그는 어떠한 행위도 사람을 사귀는 일보다 우선순위에 두지 않았다. 함께 간 사람과 이야기하다가 더 좋은 곳이 있으면 일정을 바꾸었고, 몸이 지치면 일정을 취소하고 충분히 쉬었다. 대화를 통해 그 사람의 관심사를 알게 되면 그에 맞게 행선지를 바꾸기도 했다. 그가 가이드를 동반하지 않았던 이유가 있다. 가이드를 통해 정해진 코스로 가면 여러 가지를 구경할 수는 있겠지만, 그의 본래 목적인 사람 사귐에는 방해가 되었기 때문이다.

나는 그의 이야기를 들으면서 이런 사람이라면 여행을 같이 가도 좋겠다는 생각이 들 정도로 그에게 매력을 느꼈다. 결국 나의 연약함과 각자의 분주한 일상에 치여 여행을 함께하지는 못했지만, 그의 이야기를 듣는 것만으로도 충분히 흥미롭고 인상 깊었다.

그의 이야기를 듣고 생각한 것이 몇 가지 있었다.

첫째, 나는 그동안 여행의 목적을 사귐에 두지 않았다는 점이었다. 관계보다는 일을 더 중시하는 성향 때문인지, 어디를 갔다 오고 무엇을 체험하는가에 더 중점을 두었다. 이러한 여행이 나쁜 것은 아니다. 하지만 친구를 보며 여행의 목적을 사귐에 두는 것이 꽤 매력적이고, 그것이 여행의 참된 목적이 아닐까 하는 생각을 하게 되었다. 일 중심으로 여행을 하다 보면 오늘 가야 할 곳을 못 갈 경우 괜히 기분이 나빠지고, 그렇게 된 책임이 누군가에게 있으면 원망하고 불평하게 된다. 즐거움을 위해 떠난 여행인데 예기치 않게 싸우고 오는 경우도 부지기수다. 돌아와서도 남는 것은 여행지에서 했던 일들뿐이다. 그러나 사귐이 중심이 되면 '사람'이 남는다. 그 사람과 함께했던 추억이 남는다. 그래서 앞으로는 사귐을 여행의 목표로 삼아야겠다고 생각했다.

또 하나는 신앙생활에 대한 생각이었다. 나는 신앙생활을 곧잘 여정에 비유한다. 신앙생활은 어떤 순간적인 체험이나 특정한 단계에 오르는 것이 아니기 때문이다. 하나님과의 지속적인 동행 속에서 주님을 닮아 가고, 주님이 맡기시는 일을 감당하는 과정이라고 생각하기 때문이다.

물론 신앙생활의 영역에서는 전투적인 부분도 있고, 특별한 체험을 하는 부분도 있다. 그러나 신앙생활의 전반적인 과정은 주와 함께하는 여정이라는 말이 더 어울린다고 생각한다. 관계와 일이라는 두 가지 영역이 있다면, 나는 주님과의 관계에 더 비중을 두고 싶다. 관계성 속에서 주어지는 일을 감당하는 것이 맞다.

예수님의 삶을 보라. 예수님은 바쁘게 많은 일을 감당하면서도 늘 기도하면서 하나님과의 관계 속에서 일을 진행하셨다. 중요한 일을 앞두고는 시간과 장소를 구별하여 집중해서 기도하신 뒤에 그 일을 감당하셨다. 예수님은 많은 일을 감당하셨지만, 일이 아닌 관계를 중심으로 삼으셨다. 그분이 하신 일은 관계 속에서 맡겨진 일이었다.

유명한 마르다와 마리아 이야기도 같은 것 아닌가? 마르다처럼 일을 하는 것 자체가 잘못은 아니다. 다만 예수님은 그 사건을 통해 우리에게 우선순위의 문제를 짚어 주셨다. 관계, 즉 친밀한 교제가 먼저임을 알려 주고자 하셨다.

신앙생활도 여행과 같다. 주와 함께 세상을 살아가는 가운데 때로는 어떠한 일도 하고, 어떠한 경험도 할 것이다. 그러나 가장 우선시되어야 할 것은 하나님과의 사귐이다. 신앙생활의 목표는 무엇인가를 이루는 것에 있지 않다. 궁극적인 목표는 하나님과의 동행이다. 업적을 세우고 경력을 쌓는 것이 신앙생활이 아니다. 모든 일과 업적은 하나님과의 관계의 결과물로 성취되었을 때 가치가 있다.

신앙생활의 목표는 하나님과의 사귐이다. 사귐을 통해 친밀한 동행을 하는 것이 목표다. 주님이 오시는 날까지 주님과 손을 붙잡고 완주하는 것이 목표다. 그래서 어떠한 성도는 하나님이 나와 함께하심을 의식하며 살기 위해 한 손은 꼭 주먹을 쥐고 다닌다고 한다. 그 이유는 내가 지금 주님의 손을 잡고 있음을 의식하기 위해서다. 차를 타도 옆자리는 꼭 비워 놓는다고 한다. 그 자리에 주님이 앉아 계신다고 생각하기 위해서란다. 밥을 먹을 때도 식탁의 한 자리는 꼭 비워 놓는다. 주님이 곁에 계심을 의식하기 위해서다.

누군가는 그렇게까지 할 필요가 있는가라고 생각할 수도 있다. 지나친 것은 아닌가라고 생각할 수도 있다. 그렇다. 지나치다. 그런데 주님과 동행하는 것이 삶의 목표라면, 이를 위해 이 정도의 지나친 의식은 필요하지 않을까?

주님의 함께하심을 의식하며 주님과 함께 걸어가면서, 때로는 주님이 이끄시는 일을 하기도 하고, 주님이 멈추길 원하실 때는 잠시 쉬어 가기도 하는 것이 참된 신앙생활이기 때문이다.

믿음의 사람들을 소개한 대목에서 가장 부러운 수식어가 있다. 바로 '하나님과 동행한 자'이다. 에녹과 노아를 두고 성경은 하나님과 동행한 자라고 표현한다. 그 수식어가 참 탐이 난다.

우리의 삶이 마무리되었을 때에 주님 앞에서 누군가 나의 행적을 줄줄이 나열하는 장면을 상상해 보자. 상당히 큰 업적도 있고, 모든 사람을 놀라게 만든 일도 있었다고 하자. 그런데 그 모든 일이 나 혼자 한 것일 뿐 주님과 의논하거나 마음을 공유한 흔적이 없다면 참으로 안타까운 일 아닐까?

반면에 아주 작은 일이었지만 주님과 함께 의논하고 주님의 뜻을 확인하고 주님이 능력을 구하여 감당한 일이있다면, 그 인생의 마지막에 그는 주님과 동행한 자로 남겨질 것이다. 삶과 죽음을 묵상함으로써 나는 그 어떤 일보다 더 중요한 것이 동행의 흔적이라고 생각하게 되었다. 훗날 나를 평가할 때 좋은 목회자, 좋은 설교자, 이러한 수식어보다 하나님과 동행한 자라는 수식어로 평가받고 싶다. 하나님과 동행하는 가운데 하나님과 친밀한 관계 속에서 나에게 주어진 일을 감당한 자라는 이야기를 듣고 싶다. 뛰어난 자, 훌륭한 자보다 친밀한 자, 충성된 자라는 칭호를 듣고 싶다.

일의 성공보다 동행을 사모하는 자가 되는 것, 그것이 세상 끝날까지 사명을 향해 건강하게 나아갈 수 있는 비결이라고 생각한다. 관계 속의 행함! 관계 속의 행함이 주님 앞에 남는 삶이다.

영원을 위한 한 걸음

- 성취와 동행, 나에게 무엇이 더 중요한 가치인가요?
- 관계 속의 행함을 이루기 위해 필요한 것이 무엇이라고 생각하나요? 나는 이 일을 위해 무엇을 실천하며 살아가고 있나요?

주저함과 앞서감 사이에서

하나님의 일은 때가 있고 순서가 있다.

하나님의 사람은 하나님과의 친밀한 관계 속에서 산다. 친밀한 관계 속에서 하나님이 맡겨 주시는 일에 순종한다. 이를 통해 하나님의 꿈에 참여하고 열매 맺는 삶을 살게 된다. 이것이 진정 하나님과 동행하는 삶이다.

그런데 이 동행을 방해하는 장애물이 있다. 하나님과의 동행을 고려하지 않는 삶 속에는 장애물이 드러나지도 않는다. 그러나 하나님과 친밀하게 교제하며 동행하기를 원하면 숨어 있던 장애물들이 모습을 드러낸다.

이는 기본적으로 자아의 문제다. 하나님과 동행함에 있어서 가장 깊은 영역의 문제다. 이는 주님과의 동행에 문제를 일으키는 민감한 부분이다. 자아가 동행의 삶을 추구함에 있어 문제로 나타나는 경우는 크게 두 가지다.

첫째, 주저함이다. 하나님과 동행한다는 것은 하나님과 발을 맞춰 간다는 것이다. 주저함은 그러한 동행을 방해한다. 이는 하나님은 움직이길 원하시나 그분의 뜻대로 움직이지 않으려는 마음이다.

우리가 주저하게 되는 이유는 무엇일까? 먼저는 세상의 즐거움 때문이다. 하나님과의 사귐 가운데 동행하는 기쁨보다 세상에서 누리는 즐거움이 더 크기 때문이다. 하나님이 아닌 다른 일의 즐거움에 깊이 빠져 있을 때, 하나님과의 동행이 어렵다.

또 다른 하나는 두려움이다. 하나님과 함께 걸어갈 때에는 담대함이 필요하다. 그런데 하나님과 동행하는 일이 미지의 일이다 보니 두려움 때문에 그 길을 걸어가지 못하는 경우가 많다.

성경 속에서도 하나님께서 동행의 길로 부르셨으나 주저하고 어려워한 사람들이 있었다. 하나님께 귀하게 쓰임받은 모세가 그러했다. 하나님이 모세를 부르셨을 때, 모세는 내가 어떻게 하나님의 일에 쓰일 수 있겠냐면서 주저했다. 하나님이 답답해서 화를 내실 정도로 주저한 사람이 모세였다.

주저함이 심하면 하나님이 예비하신 일을 누릴 수 없다. 가나안 앞에서 주저한 이스라엘 백성이 그 경우다. 하나님이 가나안 땅을 주시기로 약속하셨다. 이제 남은 것은 올라가서 그 땅을 취하는 일뿐이었다. 그러나 이스라엘 백성들은 무서워하며 주저했다. 결국 가나안 땅에서의 삶을 누리지 못한 채 광야에서 시간을 다 보내게 되었다.

예수님은 세상에 오셔서 사람들을 하나님 나라로 초대하셨다. 사람들의 반응은 어떠했을까? 다 자기 일에 몰입하고 세상이 주는 권력에 빠져 있었기에 예수님의 부르심에 응답하지 않았다.

2014년에 나의 첫 책(《청년아, 부딪쳐야 열린다》)이 출간되었다. 이 책을 통해 새로운 사람들을 만났고, 새로운 사역의 장도 열렸다. 또한 책을 통해 도움을 받았다며 긍정적인 피드백을 해주는 사람도 있었다. 모든 사람의 공통된 고백은 아닐 수 있어도, 분명히 하나님께서 이 책을 통해 하신 일이 있음을 알 수 있었다.

이 책을 쓰게 된 시작점에는 하나님이 부어 주신 감동이 있었다. 새벽기도를 하다가 책을 써야겠다는 마음을 받았다. 시간을 들여 준비했다. 원고도 마련이 되었다. 그런데 막상 출판사에 원고를 보내려니 커다란 부담감이 느껴졌다. 하나님이 시작하신 일이었는데, 내 모습을 보니 주저함이 생겼다.

'다른 사람은 어떻게 생각할까? 내가 책을 써도 되는 걸까? 누가 읽어 주기나 할까?'

정말 많은 생각이 들었다. 원고를 다 써놓고도 폐기할 생각을 했다. 그러나 시작하게 하신 것도 하나님이시고, 다시 도전하게 하신 것도 하나님이셨다. 한 번은 다 포기한 채로 새벽에 기도하는데, 다시 하나님의 마음을 부어 주셨다. 다시 도전하게 된 이유도 하나님이 주신 감동 때문이었다. 고민 가운데 마음속에 든 확신은 '하나님이 시작하신 일이니 하나님이 하실 일이 있을 것이다'였다.

당시 계속해서 주저했다면, 두려워하는 내 자아만을 바라보았다면, 하나님이 하실 일을 만날 수 없었을 것이다. 그러나 그때 두려워하는 자아 대신 하나님을 바라봄으로써 주저함을 떨치고 하나님과 함께 나아갈 수 있었다.

하나님은 우리를 동행의 자리로 초대하시지만 스스로의 연약함 때문에 주저할 수 있다. 하나님이 원하시는 때에 순종해야 하는데 주저하다가 기회를 놓칠 수 있다. 이에 남는 것은 후회다. 후회를 남기고 싶지 않다면 주저하기보다 주님이 이끄시는 일에 헌신해 보는 것이 필요하다. 자신을 던져야 한다. 그 속에서 하나님이 예비하신 일을 만나게 될 것이기 때문이다.

둘째, 앞서감이다. 하나님과 동행한다는 것은 그분과 발을 맞춰 가는 것이다. 주저함도 문제가 되지만 앞서감도 문제가 된다. 앞서감은 주님보다 먼저 나서려고 하는 마음이다. 나는 늘 주저함만 문제가 되는 것으로 생각했는데, 앞서감도 이에 못지않게 문제가 된다. 주님과 상의 없이 그의 뜻을 구하지 않고 내 생각과 내 계획과 내 능력을 의지할 때 이러한 일이 생긴다.

앞서가는 이유도 몇 가지가 있다. 먼저는 과도한 열정이다. 열정은 귀하다. 하나님의 사람들은 열정이 있어야 한다. 그러나 그 열정도 주님과 사귐 속에서 절제되어야 할 때가 있다. 주님께 관리되지 않은 열정이 화를 부른다.

영화에 등장하는 조연들 중에는 꼭 열정이 과도한 중간 보스들이 있다. 적당히 손만 봐주라고 했는데, 가서 사람 죽여 놓고 보스를 당황스럽게 만드는 중간급 조연들이 있다. 이런 일이 하나님의 일을 할 때도 종종 일어난다. 하나님의 일은 때가 있고 순서가 있다. 그러나 열정이 과하면 이 모든 것을 무시하기 쉽다.

또 다른 이유는 욕심이다. 왜 조급해지는가? 욕심이 있기 때문이다. 하나님의 속도에 맞춰 가면서 하나님이 행하실 일을 바라보아야 하는데, 욕심이 생기면 조급해진다. '좀더 빨리 하나님이 역사하셔야 하는데, 좀더 빨리 일이 이루어져야 하는데…'라고 생각한다. 그러다 보니 마음이 괴롭고 답답하다. 기도하면서도 내 욕심이 이루어지기만을 바라다 보니 마음에 불안이 가득 찬다. 계속해서 앞서가려고만 하게 된다.

또 하나는 업적을 세우려는 마음 때문이다. 하나님과의 동행은 업적이기 이전에 관계다. 관계성 속에 쌓여 가는 업적인 것이다. 그런데 하나님과의 관계보다는 무엇을 했느냐에 더 초점을 맞추고, 그에 집중하다 보니 마음이 조급해진다. 빨리 무언가 이루어야 한다고 생각하기 때문이다. 자꾸 하나님보다 앞서가서 무언가를 행하려 하게 된다.

사울 왕이 대표적인 인물이다. 늘 하나님보다 먼저 생각하고 먼저 행동했다. 이것이 하나님과의 동행을 가로막았다.

앞서가는 삶의 끝 역시 후회다. 내가 조금만 절제할 것을, 내가 하나님과 더 깊이 교제할 것을…. 이런 후회가 앞선다. '한 박자 쉬고의 삶을 살아야 했는데'라는 생각을 그제야 한다.

주저함과 앞서감의 사이에서 우리는 무엇을 해야 할까? 주님과 친밀하게 사귀어야 한다. 주님과의 실제적인 사귐이 있으면, 주저함과 앞서감 사이에서 좌우로 치우치지 않고 주님과 함께 걸을 수 있다. 사귐 속에서 주저하는 영혼은 일으켜 세움을 받는다. 사귐 속에서 앞서가는 영혼은 점점 평온을 되찾는다.

주님과 동행하며 주님의 일을 감당하길 원한다면, 사귐에 우선순위를 두어야 한다. 사귐 속에 순종을 더한다면 어떠한 순간에도 좌우로 치우치지 않고 하나님과 동행하며, 하나님의 손에 쓰임받는 사람이 될 것이다.

영원을 위한 한 걸음

- 나는 주저함과 앞서감 사이에서 무엇에 쉬이 넘어지나요?
- 주저함이 찾아올 때, 이를 극복하기 위한 방법이 있나요?
- 앞서감에 사로잡힐 때, 이를 절제하기 위한 방법이 있나요?

그냥 이루어지는 꿈은 없다

말씀과 기도 속에 주의 뜻을 분별하며
일하고 멈추고, 멈추고 또 일하는 것이 필요하다.

꿈이 있는 자들에게는 특징이 있다. 그들은 빨리 그 꿈을 성취하고 싶어 한다. 꿈이 실현되기를 소망한다. 그래서 미친 듯이 그 꿈을 향해 달려간다. 꿈을 향한 열정이 심기면 누구도 그 사람을 못 말린다. 이 마음 때문에 꿈이 실현되기도 하지만, 과도하면 문제가 발생하기노 한나.

꿈을 막는 장애물, 다급함이다.

하나님과의 친밀한 교제를 나누다 보면 하나님의 때에 우리에게 비전을 주신다. 하나님이 주신 비전을 보며 하나님의 꿈에 동참하는 사람들의 특징은 그 일에 내가 속히 사용되었으면 하는 마음을 품는 것이다. 그래서 다급해진다. 뭐라도 하고 싶어진다.

그러나 기다려야 한다. 하나님의 비전은 그냥 이루어지지 않는다. 하나님의 비전은 기다림 속에 성장을 먹으며 성취되어 간다. 더불어 하나님의 비전은 하나님의 섭리를 통해 이루어진다.

간혹 하나님의 비전을 받고 나면 하나님과의 관계를 내동댕이친 채 어떻게 하면 이 일을 빨리 이루어 낼 수 있을까에 골몰하는 경우가 있다. 그러나 하나님의 비전을 받았다면 더욱더 하나님과의 관계를 견고히 세워 가야 한다. 그래야 기다릴 수 있고 성장할 수 있다. 그래야 하나님의 때를 분별할 수 있다.

요셉을 보라. 그는 대기근에 처한 백성들을 구해 내기 위한 하나님의 도구였다. 그뿐만 아니라 하나님의 약속이 새겨진 야곱 족속의 멸망을 막을 구원자였다. 그러나 하나님의 비전이 성취되기 위해서는 시간이 필요했다. 요셉은 준비되어야만 했다. 요셉은 성장해야만 했다. 짧은 시간에 이룰 수 있는 문제가 아니었다.

지루한 준비 기간, 비전과는 동떨어져 보이는 현재의 삶, 모든 것이 요셉에게는 시험거리였다. 그러나 요셉은 하나님과 친밀함을 유지했다. 이를 통해 모든 과정 가운데 다가오는 유혹을 이겨 냈다. 묵묵히 주님의 때를 기다렸다. 주어진 일에 성실하게 반응하는 삶을 통해 자신도 모르게 훌쩍 성장했다. 결국 하나님의 때가 무르익었을 때 그는 기회를 잡았고, 이집트의 총리가 되어 두 가지 사명을 다 감당할 수 있었다.

조급해한다고 될 일이 아니다. 다급하다고 아무거나 해서 될 일이 아니다. 하나님의 때가 차야 했고, 이에 걸맞게 준비되어야 했다.

모세를 보라. 그는 애굽의 바로 왕과 맞서 싸워서 200만 명 이상 되는 이스라엘 민족을 이끌고 가나안 땅까지 가야만 하는 하나님의 비전이 새겨진 자였다. 그는 이 비전의 주인공으로 사용되기 위해서 무려 80년의 세월을 감당해야 했다.

40년 동안은 애굽의 왕궁에서 여러 가지 교육을 받아야 했다. 더불어 어머니이자 유모로부터 신앙 교육도 겸해서 받아야 했다. 그리고 그 이후 40년간 그는 하나님만을 바라보는 영적 훈련을 받아야 했다. 더불어 이스라엘을 이끌기 위해 광야 전문가가 되어야 했다.

하나님의 때가 찼을 때 하나님은 모세에게 다가오셨다. 하나님은 준비된 자 모세를 통해 그분의 일을 진행하셨다.

첫 40년이 지났을 즈음, 모세는 자신이 준비가 되었다고 생각했다. 그러나 하나님은 40년을 더 기다리며 성장하게 하셨다.

하나님께서 아브라함에게 주신 약속이 있다. 큰 민족, 큰 땅을 주리라는 약속이다. 궁극적으로 하나님의 나라가 너를 통해 세워지리라는 약속이었다. 그러나 그 약속이 온전히 성취된 것은 언제인가?

가시적 성취로만 따져도 다윗과 솔로몬에 이르러야 했다. 예수님이 오실 때에야 비로소 영적인 성취를 이룰 수 있었으나 온전한 완성은 주님 다시 오실 때에 이루어질 것이다. 이 기간 동안 아브라함에게 심겨진 비전은 그 후손들에게로 이어졌고, 그들은 헌신했다. 이 일은 하나님의 지속적인 인도하심과 사람들의 헌신 속에 점점 더 하나님의 비전과 근접하고 있다.

다급하다고 아무 일이나 분별력 없이 진행해서 이루어질 일이었다면, 하나님이 굳이 비전을 주지도 않으셨을 것이다. 그 일은 하나님과의 관계 속에서 이루어진다. 다급해 봐야 우리만 불안할 뿐이다.

그저 하나님과의 친밀한 교제 가운데 머무는 것이 필요하다. 하나님과의 친밀함 가운데 거하며 주어진 일에 충성해야 한다. 주어진 상황 속에서 배우며 성장해야 한다. 그것이 하나님께 쓰임받는 그릇이 되는 길이며 기다림의 시간, 섭리의 시간을 채우는 길이기 때문이다.

때로는 교회의 특정한 프로그램에 참여해야 할 때도 있을 것이다. 그러나 누군가는 교회의 프로그램보다 삶에서 다가오는 도전과 고난들을 극복해 가며 기다림의 시간을 채워 가기도 할 것이다. 사람마다 그 부르심과 상황에 따라 방법이 다를 수 있다. 그렇기 때문에 주님과의 친밀한 교제 가운데 머물 필요가 있다. 깨어 있는 상태에서 상황을 분별해야 하기 때문이다.

대부분 꿈이 새겨지면 그 즉시 다급하게 움직이기 마련이다. 그러나 아예 가만히 있는 경우도 있다. 하나님의 비전을 보고 나면, 하나님이 모든 것을 행하실 것이라고 믿고 아무것도 하지 않는 것이다. 그러나 특별한 경우가 아닌 이상, 하나님의 약속은 아무런 행함 없이 저절로 이루어지지 않는다.

하나님의 약속은 이를 믿고 참여하는 자를 통해 이루어진다. 그래서 하나님은 사람을 찾으신다.

하나님께서 약속의 땅을 이스라엘 백성들에게 말씀하셨을 때 이스라엘 백성들은 얼마나 기뻤을까? 그러나 그 땅은 하나님이 일방적으로 가져다주시는 것이 아니었다. 이스라엘 백성들이 하나님이 보여 주신 비전을 믿고 가나안 땅을 취하는 일에 참여해야만 했다. 하나님을 의지하며 약속의 땅에 들어가 가나안 지역의 사람들과 직접 부딪쳐야만 했다. 약속을 취하기 위한 행동이 필요했다.

주저하며 '하나님이 알아서 주시겠지' 하는 마음을 품고 소극적으로 기다리기만 하는 것은 하나님의 방법이 아니다. 하나님과 동행하며 하나님이 뜻하시는 일에 적극적으로 참여해야 한다.

하나님께서는 나에게 설교자의 비전을 주셨다. 신학생 때부터 하나님의 스피커로 살기를 꿈꾸었다. 하나님께서 그 비전을 이루실 것을 믿는다며 내가 아무것도 안 하고 가만히 있었다면 어떻게 되었을까? 아무것도 할 수 없었을 것이다.

이 비전을 마음에 새긴 후부터 더욱 하나님을 알아 가기 위해 노력했다. 성경을 읽고 공부하고 살아 계신 주님과의 친밀함을 놓치지 않으려 애썼다. 당대 쓰임받는다는 설교자들의 설교 테이프를 사서 여러 번 반복해 들었다. 시간을 내어 직접 그 교회에 가서 설교를 듣기도 했다. 다양한 청중을 대상으로 설교를 해봤고, 부족한 점을 채워 가며 하나님이 나를 통해 어떻게 일하고자 하시는지, 내게 부여된 고유함을 발견하고자 애썼다.

하나님은 가만히 있는 자에게 떡 하나 던져 주려고 우리에게 비전을 공유하신 것이 아니다. 참여하기를 기대했기 때문이다.

하나님께서 우리에게 공동체의 복음화를 꿈꾸게 하셨다면, 일단 자신이 맡은 일에 최선을 다해야 한다. 주께 하듯 해야 한다. 동시에 사람들을 섬기며 기도해 주고, 함께 하나님의 메시지들을 나누어야 한다. 그것이 비전에 참여하는 자의 모습이다.

하나님의 꿈을 받은 뒤에는 두 가지 극단에 빠질 수 있다. 다급함에 아무 일이나 하든지, 가만히 있음으로 하나님의 일의 진척을 막고 있을 수 있다. 그냥 이루어지는 비전은 없다. 하나님과 발맞춰 가며 때로는 기다림의 대가를 치르고, 때로는 부딪힘의 대가를 치름으로써 그분의 비전에 가까워진다.

어떠한 경우든 중요한 것은 중심을 지키는 일이다. 하나님과의 관계 속에서 동역하는 것이 필요하다. 좌로나 우로나 치우치지 말고 주와 함께 걸어야 한다. 말씀과 기도를 통해 주의 뜻을 분별하며 일하고 멈추고, 멈추고 또 일하는 것이 필요하다. 그리하여 하나님의 섭리의 때가 이르렀을 때, 우리는 그 비전이 동터 옴을 보게 될 것이다.

- 현재의 나는 기다려야 할 때인가요? 부딪쳐야 할 때인가요?
- 나는 사명을 위해 얼마나 준비되어 있나요? 과거의 나는 어떠한 부분을 준비해 왔으며, 앞으로 어느 부분이 준비되어야 할지 생각해 보십시오.

결과보다 근원을 추구하라

결과는 은총이다.
만사가 하나님의 섭리 아래 있다.

대부분의 사람들은 늘 '결과'에 가장 큰 관심을 둔다. 이 일을 하면 잘 될까 안 될까가 기준이다. 잘될 것 같으면 실행하고 안 될 것 같으면 포기하려고 한다. 그러나 이러한 판단 기준은 지혜롭지 못하다. 왜냐하면 우리는 내일 일을 알지 못하기 때문이다. 잘될 것 같았는데 안 되는 일이 있다. 반대로 안 될 줄 알았는데 의외로 잘 풀리는 일도 있다.

우리는 내일을 모른다. 알 수 없다. 우리에게 허락된 것은 오늘 이 시간이다. 우리가 할 수 있는 것은 예측일 뿐이다. 그러나 그 예측에는 늘 변수라는 것이 따른다. 100퍼센트 확실한 예측은 없다. 우리는 매일 이 순간 무엇을 할 것인지만을 결정할 수 있다. 우리는 알 수 없는 미래의 결과를 예상하며 내 의지대로 결정하는 것을 멈춰야 한다.

우리의 삶을 결정하는 기준은 단 하나다.

'주의 뜻을 따라가겠는가? 다른 것을 따라가겠는가?'

이것이 우리의 기준이다.

주를 따라가겠는가? 나의 경험, 생각, 지혜를 따라가겠는가?

나는 예전에 결과가 좋은 사람들을 부러워했다. 그들의 형통함을 부러워했다. 나도 늘 좋은 결과를 얻길 바랐다. 설령 내가 어리석은 판단과 결정을 했더라도 운이 작용해서 좋은 결과가 나오길 바랐다. 그러나 이제는 아니다. 그것은 부러워해야 할 영역이 아님을 안다.

우리의 인생에 분명한 공식이 있을까? 노력한 만큼 반드시 보상이 따를까? 꿈꾸고 상상하는 대로 반드시 이루어질까? 세상은 공식대로 돌아가지 않는다. 인생이 공식으로 이루어질 수 없는 이유는 늘 변수가 존재하기 때문이다.

어디까지나 예상과 예측일 뿐이다. 미래에 대한 완전한 앎은 인간의 영역이 아니다. 예상대로 노력한 만큼 결과를 얻었다면 하나님께 감사해야 한다. 그대로 되지 않았다면 안타깝지만 그것이 인간의 한계임을 겸손히 인정해야 한다. 머릿속으로 상상한 일이 그대로 이루어졌다면 그 또한 감사할 일이다. 그러나 신음하는 인생들이 다 머릿속으로 상상하지 않아서 지금 고통스러워하고 있는 것은 아님이 분명하다. 분명한 목표를 세웠지만 예상치 못했던 일들로 고통받는 삶도 있다.

결과는 은총이다. 만사가 하나님의 섭리 아래 있다. 결과는 우리의 영역이 아니다. 그렇다면 우리가 추구해야 할 것은 무엇일까? 하나님을 향한 헌신된 마음이다.

이전에는 결과가 형통한 사람이 부러웠다. 그러나 이제는 아니다. 진정 부러운 사람은 참된 가치에 인생의 근원을 두고 성장해 가는 사람이다. 삶에 나타나는 결과에 상관없이 참된 것에 시선을 고정하고 묵묵히 걸어가는 사람이다. 그런 사람이 참 멋있다. 존경스럽다. 나보다 어린 사람일지라도, 나의 친구일지라도 참 멋있고 존경스럽다. 오랫동안 그렇게 살아온 분들을 보면 저절로 고개가 숙여진다. 나 자신이 결과에 매여 있었던 사람이었기 때문에 더욱 그러한 것 같다.

그렇다면 과연 참된 근원이 무엇일까? 영원의 주인이신 하나님이다. 삶의 결과가 좋은 사람보다 하나님과의 교제 속에서 올곧게 자신의 길을 걸어가는 자가 부럽다. 하나님과의 친밀함 가운데 하나님의 뜻에 감정과 의지를 합하여 걸어가는 모습이 부럽다. 그 삶의 견고함이 부럽다. 이것이 성도가 추구해야 할 모습이 아닐까?

악인의 형통을 부러워하는가? 그러나 기억할 것이 있다. 악인의 형통함은 역사 속에서도 오래가지 못함이 증명되었다. 오래간다 해도 이 세상에서의 일이 전부다. 영원 앞에서 그의 형통은 아무런 가치를 드러내지 못한다. 반면 하나님께 삶의 뿌리를 내리고 그 근원에 입각해서 살아가는 사람은 영원히 복되다.

물론 이 세상에서 많은 어려움을 겪을 수도 있다. 세상에 악인이 가득할 때에는 올바르게 살아가는 사람이 이상해 보이고 세상에서 불편한 존재가 된다. 그런 사람에게는 힘든 일이 다가올 것이다. 박해나

조롱이 따를 수도 있다. 그러나 하나님의 은혜로 세상이 하나님과 닮아 있을 때는 올바르게 살아가는 사람이 합당하게 여겨질 것이다. 또한 세상이 어두울 때라도 하나님께 뿌리내린 사람에게 형통함을 주셔서 하나님의 영광을 드러내실 수도 있다.

어떠한 세상에서 어떠한 대우를 받건 그것은 중요하지 않다. 하나님께 뿌리내린 삶, 그것이 중요하다. 이는 모든 사람을 향한 하나님의 부르심이요, 인간이라면 마땅히 걸어가야 할 길이기 때문이다.

이전에 나는 집회에 설교를 하러 갈 때마다 청중의 반응을 예상하며 걱정하고 염려했다. 사람들이 나의 설교를 잘 듣지 않으면 어떻게 하나. 사람들이 나의 설교에 은혜받지 않으면 어떻게 하나. 교회에서 나에 대한 기대를 가지고 불렀을 텐데, 그 기대를 충족시켜 주지 못하면 어떻게 하나.

그래서 늘 이렇게 기도했다.

"하나님, 어떻게 되겠습니까? 은혜가 풍성한 집회가 될까요? 주님께서 꼭 은혜를 부어 주옵소서."

우리의 일에 주님의 은혜를 구하는 것은 나쁘지 않다. 그러나 내 기도의 이면에는 사람들에게 좋은 평가로 인정을 받았으면 하는 욕구가 있었다. 그러나 결과보다 근원이 더 중요함을 깨닫고 나서는 나의 기도가 바뀌었다.

"주님 어떻게 될까요? 좋은 결과를 주옵소서."

이제 이 기도는 내려놓았다. 내가 구하는 것은 하나다.

"주님, 무엇을 할까요?"

그것이 분명해질 때까지 다음 기도는 하지 않는다. 의식적으로 거기서 그치려고 한다. 나의 내면에서는 속히 좋은 결과를 얻게 해달라고 기도하라는 외침이 있다. 그러한 기도가 자꾸 치밀어 오르려 한다. 그러나 주님께 무엇을 할지 묻는 것으로 만족하려고 한다. 그것만으로 기쁘게 걸어가고자 한다.

나의 기도가 늘 그러하기를 갈망한다. 중요한 것은 결과보다 근원이기 때문이다. 주님이 명하신 것이라면 그것으로 만족이다. 주님이 명하신 일을 주님의 임재 아래 감당할 수 있다면 그보다 좋은 것은 없다. 내 임의대로 선정한 것을 나의 능력으로 행하여 좋은 결과를 얻는 것보다, 결과와 상관없이 주님을 근원 삼아 행한 일이 더 낫다.

예수님도 환영받으실 때가 있었고 비난받으실 때가 있었다. 그러나 예수님은 반응에 개의치 않으셨다. 아버지와의 긴밀한 연합, 그것이 예수님께 가장 중요했다. 중요한 것은 결과가 아니다. 다만 하나님 앞에 서서 하나님이 하고자 하시는 말씀을 전할 수 있느냐이다.

"주님 무엇을 해야 하겠습니까?"

그렇게 물은 후에 주님이 말씀하시는 것에 순종하면 그것으로 끝이다.

"그 걸음 주님께서 동행하여 주옵소서."

이것이 우리가 드릴 수 있는 최선의 기도이다.

삶의 역사가 남는다. 주님의 뜻을 따라 행한 바로 그 역사가 남는다. 그렇다면 우리는 어떠한 꿈을 꾸며, 어떻게 그 꿈을 이루어 나가야 할까? 참된 근원에 뿌리박혀 꿈꾸고, 그 근원과 함께 성장하고, 그 근원과 함께 이루어 나가야 한다.

'나는 하나님께 뿌리박혀 있는가?'

이것을 늘 점검해야 한다. 그리고 추구해야 한다. 이것이 주님 앞에 남는 삶의 역사를 쓰게 해줄 것이다.

- 나는 일의 결과에 사로잡혀 있나요? 일의 근원에 사로잡혀 있나요? 결과에 사로잡혀 살 때에 나를 괴롭히는 것은 무엇일까요?
- 주께 사로잡혀 살기 위해 어떻게 해야 할까요? 자신의 기도 생활을 돌아보시기 바랍니다.

5장

ABOUT LOVE

사랑

사랑만 남는다

사랑은 그 어떤 무엇보다도
강력한 영적 능력이다.

인생에서 가장 중요한 가치를 분별하기 위한 도구가 있다. 다음의 질문을 자신에게 던져 보는 것이다.

'내가 죽었을 때 타인에게 어떻게 기억되길 원하는가?'

사람은 죽음 앞에 설 때 인생에 참으로 귀한 가치가 무엇인지 발견한다. 모든 것을 내려놓아야 할 때가 되어서야 비로소 깨달음을 얻는다. 그러나 살아 있는 동안 이 질문을 통해 정말 중요하게 여겨야 하는 것이 무엇인지 깨달을 수 있다면, 남은 삶을 얼마나 가치 있게 살아갈 수 있겠는가?

할머니와의 영원한 이별을 통해 나는 스스로에게 이와 같은 질문을 던졌다. '내가 죽었을 때 타인에게 어떻게 기억되길 원할까?' 답은 세 가지로 좁혀졌다.

하나님과 동행한 사람 · 꿈꾸는 사람 · 사랑의 사람

이는 내가 성경에서 푯대로 삼는 단어들이다. 누군가 나를 이렇게 기억해 준다면, 내 인생은 후회보다는 보람이 남을 것이다.

앞서도 잠깐 언급했듯 성경 인물 중 내가 바라는 수식어로 불리는 믿음의 선조가 있다. 바로 에녹과 노아다. 이들은 하나님과 동행하는 사람들이었다. 또한 요셉과 바울, 사도 요한도 있다. 요셉은 꿈꾸는 사람이었다. 바울도 하나님의 꿈에 사로잡힌 자였다. 사도 요한은 꿈꾸는 자이자 사랑의 사도였다. 사람을 넘어 하나님께서 이렇게 인정해 주신다면 얼마나 좋을까.

혼자 묵상을 하던 어느 날, 문득 삶의 큰 기둥은 무엇일까를 생각했다. 가지들을 다 제하고 나니 두 가지가 남았다. 일과 관계다. 삶이 복잡해 보이는 것 같아도 가지치기를 하고 나면 일과 관계, 이 두 가지가 남는다. 나는 영성을 기반으로 하여 하나님이 원하시는 일을 삼낭하고, 사람들과 깊이 있는 관계를 맺고 싶었다. 이것이 하나님 앞에 남는 인생이라고 생각했다.

영성은 말씀과 기도 가운데 사는 것이고, 하나님이 원하시는 일은 하나님의 꿈에 참여하는 것이라면, 사람들과는 어떠한 관계를 맺으며 살아야 하는 걸까?

관계에 대한 여러 가지 조언이 있지만, 진리는 늘 진부해 보인다. 늘 듣던 이야기인 경우가 많기 때문이다. 인간관계에 있어서도 마찬가지다. 그러나 그것이 진짜다. 진부해 보이고 늘 듣던 그 이야기가 정말 귀한 진리다. 너무나도 당연해 보여서 늘 흘려듣던 그 이야기에 귀 기울여야 산다. 거기에 답이 있다. 하나님은 우리가 마땅히 걸어가야 할 삶의 길을 깊은 곳에 숨겨 두지 않으셨다. 성경은 말한다.

새 계명을 너희에게 주노니 서로 사랑하라 내가 너희를 사랑한 것같이 너희도 서로 사랑하라(요 13:34).

그런즉 믿음, 소망, 사랑, 이 세 가지는 항상 있을 것인데 그중의 제일은 사랑이라(고전 13:13).

그러므로 너희가 더욱 힘써 너희 믿음에 덕을, 덕에 지식을, 지식에 절제를, 절제에 인내를, 인내에 경건을, 경건에 형제 우애를, 형제 우애에 사랑을 더하라(벧후 1:5-7).

예수님과 사도들이 한결같이 주장했던 것이 사랑이었다. 그들은 모든 것을 거론한 후에 우리가 최종적으로 추구할 것이 사랑임을 이야기했다. 왜 이들은 사랑을 그토록 추구했을까? 왜 이들은 그토록 사랑의 삶을 살라고 권면했을까?

다양한 이유가 제시될 수 있겠지만, 그들은 삶의 비밀을 알았다. 사랑만이 이 세상에서 후회를 가장 덜 남길 수 있는 삶의 길임을 말이다. 예수님은 그것을 아셨고, 사도들 역시 그것을 알았다.

전승에 따르면 사도 요한이 나이 들어 설교를 할 때 전한 말은 화려하거나 거창한 말이 아니었다. 그가 마지막에 다다를수록 반복해서 전한 메시지는 단 하나였다.

"형제들아, 서로 사랑하라."

그는 우레의 아들이라 칭할 정도로 부드러움과는 거리가 먼 사람이었지만, 하나님과 함께 생을 쌓아 올리면서 분명하게 깨달은 것이 하나 있었다. 사랑, 그것보다 중요한 것은 없다는 사실이었다.

할머니와 마지막 이별을 한 후 내 마음은 후회로 가득 찼다.

'이럴 줄 알았으면 좀더 잘해드릴 걸.'

할머니께만 드는 생각일까? 아니다. 사실 우리 인생의 마지막 순간에 남는 생각은 이것이다.

'내가 만났던 사람들에게 조금만 더 잘해 줄 걸.'

후회가 남지 않을 수는 없지만, 되도록 후회를 줄여야 한다.

할머니와 마지막 이별을 한 후, 할머니를 기억하며 미소 지었던 추억들이 있었다. 그 추억들은 공통점을 지니고 있었다. 그것은 사랑의 기억이었다. 사랑을 주고받은 기억…. 그 사랑의 기억이 우리의 마지막을 행복하게 해줄 것이다.

누가 마지막에 웃으며 갈 수 있을까? 누가 후회보다는 보람을 느끼며 주님을 향해 나아갈 수 있을까? 답은 너무나도 간단 명료하다.

삶의 역사를 사랑으로 채운 사람. 바로 이 사람이다. 바보처럼 사랑했던 사람들만이 주님 앞에 웃으며 나아갈 수 있다. 가장 지혜로운 사람은 누구일까? 다른 사람을 이용해서 자기의 이익을 추구하는 자가 지혜로운 자일까? 아니다. 바보처럼 사랑한 사람이다. 영원의 관점에서 보면 그가 가장 지혜로운 자이다.

죽음을 생각할 필요도 없이 지금까지 살아온 삶을 돌아보면 더 쉽다. 우리의 삶에 현재까지 남아 있는 것은 무엇인가? 사랑인가? 미움과 시기와 질투와 경쟁과 다툼인가? 지금까지 남긴 그것이 우리 인생의 마지막 날까지 이어진다면 그 인생은 보람될까 후회스러울까?

이 세상과 이별할 때가 되어야만 깨달을 수 있는 것은 아니다. 지금까지의 삶을 성찰함으로써 지금 당장 깨닫고, 앞으로의 삶의 방향을 새롭게 결정할 수도 있다.

나는 이 사실을 깨닫고 나서 새롭게 마음먹었다.

"삶의 역사를 사랑으로만 채우자."

이렇게 결심한 뒤 나의 인생은 사랑으로만 채워졌을까? 냉정히 말하면 그렇지 않다. 사랑만 채우겠다고 마음을 먹고 나니 내 안에 사랑 아닌 것이 많음을 알게 되었다. 사랑은 주는 것인데 늘 받기만을 원하는 마음이 있었다. 사랑은 섬기는 것인데 늘 섬김받기를 원하는 마음이 있었다. 사랑은 존중인데 늘 남보다 나를 높이 여기려는 마음이 있었다. 사랑에는 차별이 없는데 늘 마음속에 내 편 네 편 선이 그어지곤 했다. 이를 발견할 때마다 한탄하고 괴로워했다. '이것밖에 되지 않는가' 하고 생각했다. 그래서 우리의 삶에는 결심과 더불어 한 가지가 더 필요함을 깨달았다. 하나님과의 관계 말이다.

하나님과의 관계 속에서 나를 정직하게 돌아보는 것이 필요했다. 주 안에서 이루어지는 '자기 성찰'이 필요했다. 생각 없이 살다가 말씀과 기도의 자리에서 스스로를 다시 돌아보게 되었다. 사랑을 결심했다 해도, 굳건한 마음으로 걸어가도 늘 휘청대는 것이 우리의 삶이기에 하나님 앞에서 늘 자신을 돌아보아야 했다.

또한 하나님과의 관계 속에서 사랑을 위한 능력을 구해야 했다. 나는 사랑이 가장 강력한 영적 능력이라고 믿는다. 사랑은 그 어떤 무엇보다도 강력한 영적 능력이다. 하나님이 우리에게 부어 주실 수 있는 가장 강력한 은혜는 사랑이다. 그러하기에 구하게 된다. 나는 결단하고 구할 뿐이다. 사랑의 근원은 주님께 있다.

삶의 마지막에 후회를 남기고 싶지 않다. 할 수만 있다면 보람을 남기고 싶다. 할 수만 있다면 이 땅에서의 여정을 미소 지으며 돌아보고 싶다. 그래서 사랑으로 채우고 싶다. 사랑을 주고 사랑을 받은 기억들로 채우고 싶다. 사랑으로 채운 삶의 역사. 그것이 우리를 복되게 하고 하나님 앞에 남는 인생을 살도록 이끌어 줄 것이다.

영원을 위한 한 걸음

- 나는 관계 속에서 어떠한 역사를 써가고 있나요?
- 현재까지의 인생을 돌아볼 때, 관계 속에 가장 후회스러운 장면은 무엇인가요?
- 삶의 마지막 날에 돌아보았을 때, 가장 보람된 관계는 어떠한 관계일까요?

사랑법이 다르다

사랑의 마음이 분명하다면,
표현의 차이는 각자의 부족함을 채우시는
하나님께서 도우실 것이다.

모든 이가 사랑하길 원한다. 사랑의 역사를 남기길 원한다. 그러나 서로 오해하고 싸우고 다투고 심지어는 헤어진다. 왜 그럴까? 근본적으로 상대에 대한 깊은 사랑이 있는데 그러한 문제가 생긴다면 이유는 하나다. 사랑법의 차이다.

나는 신혼 초에 아내에게 온갖 미사여구를 동원해 말로써 칭찬하고 높여 주고 아껴 주었다. 그러나 아내의 반응이 신통치 않았다. 그래서 더 진솔한 말을 하려고 애썼고, 나의 마음속에 담긴 진심을 온전히 담을 수 있는 단어를 찾아서 고백했다. 그러나 마찬가지였다. 싫은 것

같지는 않지만 그리 감동하는 모습도 아니었다. 내가 기대한 그림이 안 나왔다. 나는 아내가 나의 고백을 듣고 본인도 자신의 마음을 진솔하게 고백하며 나에게 반응하기를 기대했지만, 그렇지 않았다.

그러던 어느 날이었다. 아내와 아이들이 외출한 사이 집에 들어오니 아이들 방이 심하게 어질러져 있었다. 사람 방인지 쓰레기장인지 분간이 안 될 정도였다. 읽다가 내팽개친 책과 실컷 가지고 논 뒤 내버려둔 장난감 사이로 사람이 다닐 수 있는 길만 간신히 나 있을 정도였다. 그대로 둘 수 없어 하나씩 치우기 시작했다. 시간이 지나자 방이 말끔해졌다. 이를 핸드폰으로 사진 찍어 아내에게 보내 줬다.

그러자 아내에게서 곧장 답장이 왔다. 최고조로 어질러진 방 상태를 찍어 놓은 사진이었다. 어디까지 어질러 놓을 수 있나 기다리다 최고조에 달했을 때 기념으로 찍어 둔 사진이었다. 바로 치우려고 했는데 감당이 안 되어서 일단 그대로 두고 외출을 한 상태였단다.

놀랍게도 아내는 그날 집에 돌아와 나의 사랑을 느꼈다며 엄청난 만족감을 표시했다. 고르고 골라 나의 진심을 표현한 여러 가지 말에는 반응이 신통치 않았던 아내가 방 청소 하나로 엄청난 만족감을 표현했다. 수많은 칭찬과 격려, 감사의 표현에도 시큰둥했던 아내가 방 청소 하나에 엄청난 기쁨을 표현한 것이다. 나는 그때 깨달았다.

'나의 사랑법과 아내가 기대하던 사랑법이 달랐구나.'

시험 삼아 몇 번 더 방 청소를 하고 설거지를 했다. 역시나 아내는 대단한 만족감을 표현했다. 정말 나의 사랑에 고마워했고 즐거워했다. 사랑법의 차이였다.

그에 반해 나는 따뜻한 말이나 격려, 칭찬, 사랑의 고백 등을 좋아한다. 이런 말을 들으면 지구도 거뜬히 구할 것 같은 마음이 든다. 그러나 아내는 그러한 말로 표현하는 것을 대단히 어색해했다. 그래서 신혼 초에 나는 아내의 사랑을 의심하기도 했다. 그러나 시간이 흘러 깨닫게 된 사실은 그것이 사랑법의 차이 때문이라는 것이었다.

아내의 사랑법은 '헌신'이었다. 매 끼니를 정성을 다해 준비해 주고, 내가 원하는 것을 마련하고 채워 주는 것. 나의 필요를 채워 주는 것이 아내만의 사랑법이었다.

이 경험을 통해 내가 분명하게 깨닫게 된 것은 사람마다 사랑법이 다르다는 점이었다. 동일하게 사랑하는 마음을 가지고 있어도 이를 표현하는 행동 양식은 다 다를 수 있다. 그렇기 때문에 오해가 생기고, 그로 인해 관계가 무너지기도 한다.

내가 전도사로 사역할 때 가장 큰 고민거리는 부족한 사랑이었다. 내가 생각하는 사랑이 많은 사역자의 이상적인 모습은 사람들과 일상의 관계를 풍성하게 맺는 것이었다. 찾아가고 만나고 밥을 같이 먹으며 시간을 보낸다. 다양한 필요에 따라 선물을 주며 극진히 섬긴다.

그런데 나는 그것이 참 힘들었다. 사람들과 만나서 시간을 보내고 함께하는 일이 싫지는 않았다. 그러나 이 일이 많이 버거웠다. 늘 그런 것은 아니었지만, 지칠 때가 많았다. 선물을 주려고 해도 뭘 주어야 할지 감이 잘 오지 않았다. 그래서 이러한 섬김을 잘하는 사역자들을 보면 부러웠다. 저들은 참 사랑이 많은데, 나는 왜 이렇게 사랑이 없을까라고 생각했다.

이 문제를 가지고 하나님께 기도했다.

"하나님, 저는 예수님이 명령하신 사랑을 실천해야 할 사역자인데, 제게는 왜 이렇게 사랑이 없을까요?"

그때 나는 하나님이 들려주시는 세미한 음성 속에서 귀한 사실을 깨달았다.

"너에게는 사랑이 없지 않다. 네 마음속에 그들을 위하는 마음이 있지 않느냐? 그들을 위해 눈물 흘리며 기도하고, 그들을 위해 정성껏 설교를 준비하고 있지 않느냐? 사랑이 없는 것이 아니다. 너는 사랑을 설교로 표현하는 사람일 뿐이다."

그 말씀을 듣고 보니 정말 그랬다. 나는 누구보다 나에게 맡겨진 양떼를 아꼈다. 그들이 하나님의 사람이 되길 바라고 사모했다. 그래서 그들을 위해 기도했고, 그들의 영혼을 먹이는 말씀을 정성껏 준비했다. 하나님의 뜻을 구했고, 그들이 잘 이해할 수 있도록 노력했다. 그리고 주일이 되면 정성껏 준비한 말씀으로 그들을 섬겼다.

나는 그때 깨달았다. 나는 맡겨진 영혼을 설교를 통해 사랑하고 있었다는 사실을 말이다. 내가 생각하던 이상적인 사랑의 표현법대로 사랑하고 있지는 못했지만, 나름의 방법을 통해 사람들을 정성껏 사랑하고 있었다. 설교는 내게 맡겨진 영혼들을 사랑하는 방법이었다. 설교는 나의 사랑법이었다. 그들을 위해 잘 준비된 설교를 가지고 단 위에 서는 것이 내가 그들을 사랑하는 방법이었다.

이를 통해 나는 '사랑 부족 콤플렉스'에서 빠져나올 수 있었다. 사랑이 없는 사람이 아니라 사랑법이 다른 사람임을 깨달았기 때문이다.

왜 사람마다 사랑법이 다른지 궁금했다. 그런데 이것이 교회를 세워 가는 하나님의 방법임을 알았다. 사랑법은 사명이고, 은사다. 기본적으로 사랑을 품은 사람이라면, 사랑하는 방식이 다르다고 해서 고민할 필요가 없다. 자신이 가지고 있는 사랑법이 사명이다. 자신의 사랑법이 하나님이 그 사람에게 주신 은사다.

하나님의 교회에는 지혜의 말씀을 전하는 사람도 있고, 믿음으로 사람들을 이끄는 사람이 있고, 병을 고치는 사람도 있고, 기도로 타인을 돕는 사람도 있다. 몸으로 섬기는 사람도 있고, 상담으로 섬기는 사람도 있다. 앞에 나서서 사람들을 이끄는 사람도 있고, 뒤에서 조용하고 묵묵히 섬기는 사람도 있다. 이처럼 사랑법이 다양하다. 이것을 성경에서는 은사라 하고 사명이라 한다.

결국 사랑법이 다른 이유는 하나님이 우리에게 주신 사명과 은사가 다 다르기 때문이다.

아내는 실제적으로 일상의 필요를 챙기는 것을 잘하고, 나는 긍정적인 말로 내면을 세우는 일을 잘한다. 이를 통해 아이들은 두 가지 부분에서 채움을 받는다. 외적인 부분에서는 아내의 섬김을 통해, 내적인 부분에서는 나의 섬김을 통해 사랑을 공급받는다. 다양한 사랑법을 통해 가정이 세워진다.

교회에서도 마찬가지다. 다들 사랑법이 다르다. 가르침으로 사랑을 실천하는 사람이 있고, 늘 간식을 사다 줌으로 사랑을 실천하는 사람이 있고, 늘 전화하며 수다를 떨면서 고민을 해결해 주며 사랑을 실천하는 사람이 있고, 분위기를 띄우며 격려와 칭찬으로 사람들을 섬기는 사람이 있고, 눈에 띄지 않는 자리에서 늘 다른 이들의 보이지 않는 필요를 채우며 사랑하는 사람이 있다. 교회도 다양한 사람들의 여러 가지 사랑법에 의해 세워진다.

중요한 것은 이해와 인정이다. 사랑의 마음이 분명하다면, 표현의 차이는 각자의 부족함을 채우시는 하나님께서 도우실 것이다. 이를 이해하고 인정하고, 상대의 사랑을 받으며, 나의 사랑법으로 상대를 섬기라. 물론 나의 은사로 섬기되 나의 은사만을 고집하기보다는 때로 상대의 사랑법에 맞게 섬길 필요도 있을 것이다. 이는 하나님과의 관계 속에서 그분이 이루시고 인도하실 일이다.

사랑하는 마음만 분명하다면 사랑법은 문제가 되지 않을 것이다. 이는 고집이 아니라 이해와 존중이 필요한 영역이기 때문이다. 우리는 모든 사랑법을 통해 서로 세워질 것이고, 이로써 공동체는 더욱 건강하고 견고해질 것이다.

- 나의 사랑법은 무엇인가요?
- 나와 자주 부딪치는 사람의 사랑법은 무엇일까요?
- 어떻게 하면 사랑의 마음이 온전히 전달될 수 있을까요?

무너뜨리는 관계, 세우는 관계

사랑하면 살리고 싶다. 채워 주고 싶다.
회복되길 바란다. 붙잡고 흔들어 세워 주고 싶다.

매력적인 남녀가 만난다. 그들은 첫눈에 서로에게 매력을 느끼고 곧 사랑에 빠진다. 우리가 자주 접하는 영화나 드라마들의 시작이다. 인간 관계 속에서 상대방의 장점은 큰 매력이다. 장점은 사랑을 불러일으킨다. 장점은 사랑의 촉발점이 된다. 그래서인지 여러 책에서 상대방의 장점을 주목하라고 한다. 또한 스스로도 자신의 장점에 주목하여 자신만의 가치를 확신하라고 한다. 그만큼 인간에게 장점이 있다는 것은 축복이다. 그리고 이는 관계를 여는 중요한 요소이기도 하다.

반면에 단점은 사랑의 장애물이다. 장점을 통해 매력을 느꼈지만,

얼마 지나지 않아 상대의 단점이 보이기 시작하면 사랑이 차차 식어 간다. 그 단점이 너무나도 크면 무관심으로 번져 간다. 그 단점이 나에게 피해로 다가오면 그 사람을 미워하기 시작한다. 단점은 사랑의 관계를 무너뜨리는 요소다.

그러나 단점이 없는 사람은 없다. 누구에게나 장점이 있듯이, 누구에게나 단점이 있다. 모두가 단점이 있기에 누구도 사랑할 수 없는 걸까? 단점 때문에 누군가를 사랑할 수 없다면, 우리 모두는 사랑의 역사를 남기지 못한 채 살아가야 하는 걸까? 그렇지 않다. 단점은 인간관계의 장애물은 될 수 있지만, 사랑을 포기할 이유가 되지는 않는다.

그렇다면 어떻게 해야 할까? 이는 단점을 바라보는 관점을 바꿈으로써 가능하다. 상대방의 단점에 대해 두 가지 태도를 가질 수 있다.

하나는 상대방을 무너뜨리는 태도이다. 대부분 단점을 발견하면 비난을 한다. 정확하게 분석·판단하여 비판하는 것과 비난은 다르다. 비판은 대안을 모색하기 위한 기초석이다. 그러나 비난은 무너뜨리기 위함이다.

사랑으로 채우는 삶을 살아가기를 원한다면, 단점에 대한 자신의 태도를 점검해야 한다. 단점을 바라보는 자신의 태도가 그 단점을 빌미로 사람을 무너뜨리려는 것이라면, 이는 악한 영을 닮은 태도이다.

악한 영은 단점을 이용해 사람을 무너뜨리려 한다. 단점에 집중하게 하여 그것 때문에 아무것도 못할 것이라고 단정짓게 한다.

외모는 인생에 중요한 요소로 작용한다. 그러나 그것이 인생의 전부는 아니다. 능력도 마찬가지다. 스펙도 마찬가지다. 돈도 마찬가지다. 모두 인생을 사는 데 중요한 요소다. 그러나 그것이 전부는 아니다. 이러한 부족함이 있다고 해서 삶을 포기해도 되는 사람은 없다. 인격적인 결함이 사람을 힘들게 하는 요소인 것은 분명하다. 그럼에도 자신의 부족함으로 인생을 포기해도 되는 사람은 없다.

모든 인생에는 하나님의 뜻과 계획이 있다. 인간의 장기 중에 보잘것없어 보이는 장기 하나도 생명을 유지하는 데 기여하듯이 모든 인생은 다 가치가 있고 존중받아 마땅하다. 몇 가지 부족함이나 단점으로 인해 무시하고 무너뜨려도 되는 사람은 없다.

사랑으로 채워 가는 삶을 살고 싶다면, 또 다른 삶의 태도를 견지할 필요가 있다. 상대의 단점을 바라보며 비난으로 반응하는 태도가 아니다. 사랑으로 채우는 자는 상대의 단점 가운데 나의 사명을 발견하는 자이다. 단점을 보며 세움을 생각하는 사람이 삶을 사랑으로 채울 수 있다. 상대방의 단점을 보며 이 사람을 어떻게 세울 수 있을까를 생각하는 태도가 사랑의 역사를 남기게 만들어 준다.

하나님의 관점에서 우리의 단점은 무엇일까? 한 마디로 말하자면 죄인이고, 풀어서 이야기하자면 끝도 없을 것이다. 불순종, 교만, 욕심, 정욕 기타 등등이다. 하나님이 그러한 우리의 부족함을 보시고 하신 일이 무엇인가? 거리를 두고 멀리하고 다시는 안 볼 것처럼 하셨는가? 일시적으로는 그렇게 보일 수도 있다. 하나님은 거룩한 분이기에 죄와 함께할 수 없기 때문이다. 그러나 성경 전체의 흐름을 보면 결코 그렇지 않다.

하나님은 우리의 부족함을 보고도 우리를 멀리하지 않으시고, 오히려 우리와 가까워지길 원하셨다. 우리를 죄로부터 구원하길 원하셨기 때문이다. 인간은 하나님을 떠나 타락했는데, 하나님은 이를 자신이 감당해야 할 사명으로 받으셨다.

하나님께서 왜 독생자 예수님을 이 땅에 보내셨는가? 우리의 죄의 문제를 해결하기 위해서였다. 예수님을 구주로 영접한 자에게 왜 성령님을 보내 주셨는가? 우리의 죄를 해결하기 위해서였다. 세상의 부족함을 보고 거리를 두시는 것이 아니라, 오히려 더 가까이 다가와 이를 해결할 방안을 찾으셨다. 이것이 하나님의 사랑이었다.

우리를 향한 하나님의 관점은 세움이다. 무너져 있는 모습을 보면 어떻게든 세우려는 것이 하나님의 마음이다. 이는 아버지의 마음이다.

아이를 키우면서 그 마음을 알게 되었다. 아이가 돌쯤 되면 걸으려고 노력을 한다. 일어섰다가 넘어지기를 반복한다. 아이가 넘어졌을 때, 이를 보고 비웃고 놀리고 조롱하는 아버지를 본 적 있는가? 그런 아버지는 없다. 어떻게든 일으켜 주고 걸을 수 있도록 돕는 사람이 아버지다. 사람을 세우려는 사람이 아버지의 마음을 품은 사람이다.

고린도 교회나 갈라디아 교회에 문제가 일어났을 때 바울이 호통을 쳤다. 고린도 교회의 다양한 문제를 드러내면서 이것이 너희의 모습이라고 외쳤나. 분열을 일삼았고, 부유한 자와 가난한 자를 차별했고, 우상숭배를 했고, 사도성을 의심하는 자들도 있었다. 이에 대해 바울은 고린도전서 전반에 걸쳐 강력하게 지탄했다. 그러나 바울이 고린도 교회를 무너뜨리기 위해서 그런 것일까? 아니다. 바울은 아버지의 마음으로 그들을 일으키기 위해서 그러한 것이다.

내가 마음에 큰 눌림과 걱정이 있어 많은 눈물로 너희에게 썼노니 이는 너희로 근심하게 하려 한 것이 아니요 오직 내가 너희를 향하여 넘치는 사랑이 있음을 너희로 알게 하려 함이라(고후 2:4).

갈라디아 교회를 향해서도 그러했다. 그는 독설을 서슴지 않았다.

어리석도다 갈라디아 사람들아 예수 그리스도께서 십자가에 못 박히신 것이 너희 눈앞에 밝히 보이거늘 누가 너희를 꾀더냐 … 너희가 이같이 어리석으냐 성령으로 시작하였다가 이제는 육체로 마치겠느냐(갈 3:1, 3).

좋게 번역을 해서 '어리석도다'이다. 이것은 바울의 욕으로 봐도 무방하다. 그러나 바울이 갈라디아 사람들을 무너뜨리려고 그랬을까? 아니다. 바울은 그들의 단점을 책망하여 그들을 무너뜨리려고, 정이 뚝 떨어져서 이야기한 것이 아니다. 오히려 반대다. 그들의 부족함을 보며 안타까움에 괴로워했다. 사랑하는 자들이 어리석은 일을 행한 것을 안타까워 했다.

나의 자녀들아 너희 속에 그리스도의 형상을 이루기까지 다시 너희를 위하여 해산하는 수고를 하노니(갈 4:19).

이것이 바울의 진심이다.

타인에게 부족함이 있다면 하나님의 마음을 품어야 한다. 그것은 사람을 세우는 마음이다. 사람을 회복시키는 마음이다. 좌절하고 있다면 격려해 주어야 한다. 그것이 성도의 사명이다. 반대로 미혹을 당해 어리석은 일에 빠져 있다면, 진실을 이야기해 주어야 한다. 고통스러워도 사랑의 마음을 담아서 이야기해 주어야 한다. 그리하여 그들을 세워 가는 것이 우리의 사명이다.

이것이 우리의 사명이다. 사랑이 없으면 버리면 그만이다. 놔두면 그만이다. 무시하면 그만이다. 무너뜨려 버리면 그만이다.

그러나 사랑하면 살리고 싶다. 채워 주고 싶다. 회복되길 바란다. 붙잡고 흔들어 세워 주고 싶다. 이것이 아버지의 마음이다. 아버지의 마음으로 사랑만 남는 삶의 역사가 쓰여지길 바란다.

- 내게 가장 거슬려 하는 상대의 단점은 무엇인가요?
- 내가 상대방에게 줄 수 있는 도움은 무엇이 있을까요?
- 나는 어떠한 관점으로 상대의 부족함을 바라보고 있나요?

사랑은 결정이다

주 안에 거함으로
사랑으로 결정된 삶이 실재가 될 수 있다.

사랑으로 삶의 역사를 채우기로 마음먹었다면, 이제부터 어떠한 상황이든 사랑하기로 결정해야 한다. 사랑은 결정이고, 결정했으면 올곧게 나가는 것이 사명이다. 사랑은 선택이 아니라 운명이라고 생각해야 한다. 이것이 하나님을 닮은 자의 모습이다.

하나님에게 사랑은 선택이 아니었다. 하나님에게 사랑은 해도 그만, 안 해도 그만인 것이 아니었다. 하나님에게 사랑은 본능이고, 마땅히 걸어가야 할 길이었다.

사랑하는 자들아 우리가 서로 사랑하자 사랑은 하나님께 속한 것이니 사랑하는 자마다 하나님으로부터 나서 하나님을 알고 사랑하지 아니하는 자는 하나님을 알지 못하나니 이는 하나님은 사랑이심이라 (요일 4:7-8).

하나님은 사랑을 결정하신 분이다. 다른 결정은 생각하실 수 없는 분이다. 그의 모든 말과 행동은 사랑이라는 요소로 인해 발생한다. 그래서 하나님의 역사는 사랑의 역사다. 하나님의 행하심은 사랑의 행하심이다. 하나님의 말씀은 사랑의 말씀이다.

하나님께서는 많은 백성 가운데 이스라엘을 하나님의 백성으로 삼으셨다. 이스라엘 안에 성막을 짓게 하시고, 그 가운데 임재하셔서 이스라엘을 다스리기 시작하셨다. 그런데 당시 이스라엘의 형편은 어떠했는가? 그들은 이집트에서 노예로 살던 백성이었다. 형편없는 백성이었다. 도무지 사랑할 만한 구석이 보이지 않았다.

모세도 이를 인정하고 사람들에게 이야기했다. 마음의 교만을 피하기 위함이었다.

너는 여호와 네 하나님의 성민이라 네 하나님 여호와께서 지상 만민 중에서 너를 자기 기업의 백성으로 택하셨나니 여호와께서 너희를 기뻐하시고 너희를 택하심은 너희가 다른 민족보다 수효가 많기 때문이 아니니라 너희는 오히려 모든 민족 중에 가장 적으니라 (신 7:6-7).

수효도 많지 않고, 애굽의 노예로 살던 백성이고, 광야에서 지독히도 불순종하던 백성이 바로 이스라엘 백성이었다. 그런데 하나님께서는 왜 이스라엘 백성을 통해 하나님 나라를 세우려 하셨는가? 그들을 택하실 이유가 전혀 없는데 말이다.

하나님의 택하심은 우리의 조건에 달려 있지 않다. 만일 그 자격이 우리의 조건에 달려 있다면, 과연 하나님이 누구를 쓰실 수 있을까? 하나님이 쓰시기에 합당한 조건을 가진 자가 누가 있을까?

모세는 하나님께서 이스라엘 백성을 택하신 이유를 다음과 같이 말했다.

여호와께서 다만 너희를 사랑하심으로 말미암아 또는 너희의 조상들에게 하신 맹세를 지키려 하심으로 말미암아 자기의 권능의 손으로 너희를 인도하여 내시되 너희를 그 종 되었던 집에서 애굽 왕 바로의 손에서 속량하셨나니(신 7:8).

"다만 너희를 사랑하심으로 말미암아."

나는 이 구절이 정말 좋다. 하나님께서 누군가를 택하시고 사랑하시는 이유는 스스로 사랑하기로 결정하셨기 때문이다.

하나님이 우리에게 오셔서 우리를 세우시고 사용하시는 이유가 우리에게 있지 않다. 그 이유는 오직 하나님께만 있다. 하나님의 사랑이 우리를 택하셨다. 그분이 사랑으로 다가오셔서 구원하겠다고 약속하셨기에 그리고 사랑하기로 결정하셨기에 일어난 일이다.

신약에서도 바울이 하나님의 백성 된 은혜에 대해서 동일하게 이야기한다.

그는 허물과 죄로 죽었던 너희를 살리셨도다(엡 2:1).

우리의 상태는 어떠했는가? 허물과 죄로 죽은 상태였다.

그때에 너희는 그 가운데서 행하여 이 세상 풍조를 따르고 공중의 권세 잡은 자를 따랐으니 곧 지금 불순종의 아들들 가운데서 역사하는 영이라 전에는 우리도 다 그 가운데서 우리 육체의 욕심을 따라 지내며 육체와 마음의 원하는 것을 하여 다른 이들과 같이 본질상 진노의 자녀이었더니(엡2:2).

본질상 진노의 자녀로서 살았다. 냉정하게 살펴볼 때, 이것이 우리의 모습 아닌가? 아니, 지금도 휘둘리며 살고 있지 않은가? 그런데 왜 우리를 부르셨을까?

긍휼이 풍성하신 하나님이 우리를 사랑하신 그 큰 사랑으로 인하여 허물로 죽은 우리를 그리스도와 함께 살리셨고(엡 2:4-5).

죄와 허물로 죽은 우리를 살리신 이유가 분명히 나타난다. "긍휼이 풍성하신 하나님이 우리를 사랑하신 그 큰 사랑으로 인하여" 하나님이 우리를 사랑하셨다. 이것이 성경이 내리는 결론이자 하나님이 우리를 살리신 이유이다.

내게는 부족한 점이 많다. 하나님이 나를 사랑하신 만큼 하나님을 사랑하지도 못했다. 또한 하나님의 명령에 온전히 순종하지도 못하고, 흔들리며 휘청거리는 인생이다. 그럼에도 성경은 하나님이 나를 사랑하셨다고 한다. 하나님은 나의 부족한 모습을 십자가 안에 감추시고, 나를 사랑하기로 결정하셨다. 이것이 은혜다.

나는 이것이 참 감사하다. 만약 우리에게 사랑받아야 하는 이유가 있어서 사랑이 시작된 것이라면, 그것은 참 불안한 일이다. 그 이유가 사라지면 사랑도 사라질 것이기 때문이다. 그러나 상대방이 사랑하기로 결정한 것이라면, 비로소 안심이 된다.

아이를 키워 보니까 때로는 사랑받을 만한 일도 하지만, 때로는 얄미운 일이나 속상한 일도 한다. 내가 보기에 아이가 완전히 사랑받을 만해서 사랑하는 것은 아니다. 그런데 계속해서 사랑하는 이유가 무엇일까? 태어날 때부터 사랑하기로 결정했기 때문이다. 부모에게 아이 사랑은 운명이다. 사랑하기로 결정한 채로 아이를 낳는다.

내가 아이를 향해 품은 마음을 생각할 때, 우리를 향한 하나님의 마음도 이러하겠구나 하는 생각이 든다. 하나님이 사랑하기로 결정하셨기에 우리는 구원을 얻었다.

그 사랑을 받은 자가 헌신해야 할 것은 무엇일까? 그도 하나님을 사랑하기로 결정하는 일이다. 다른 결정은 있을 수 없다. 사랑은 성도의 운명이고, 성도이기 이전에 하나님이 지으신 사람으로서 마땅히 걸어야 할 길이고, 마땅히 쓰여져야 할 삶의 역사다.

사랑하는 자들아 하나님이 이같이 우리를 사랑하셨은즉 우리도 서로 사랑하는 것이 마땅하도다(요일 4:11).

문제는 어떻게 계속해서 사랑의 삶을 남길 수 있느냐다. 방향은 이미 결정되어 있다. 그렇다면 사랑하기로 한 결정을 어떻게 지속해 나갈 수 있을까?

사랑이신 하나님 안에 늘 거하여야 한다. 하나님의 말씀을 통해 나를 향한 하나님의 마음을 깨닫고, 세상을 향해 가져야 할 나의 마음을 깨닫고, 주의 능력 안에 거하여야 한다. 주 안에 거하는 자, 주와 친밀한 교제 가운데 있는 자, 주님과 관계하는 자, 그 사람이 사랑으로 삶을 채울 수 있다. 주 안에 거하면 사랑으로 결정된 삶이 실재가 될 수 있다. 주 안에 거하는 삶, 견고하게 거하는 삶, 그러한 삶이 사랑만 남는 삶의 역사를 그려 갈 수 있기 때문이다.

영원을 위한 한 걸음

- 하나님께 사랑받지 못할 것 같은 부분이 나에게 있나요? 그 부분이 나를 향한 하나님의 사랑에 어떠한 영향을 주고 있다고 생각하나요?
- 사랑보다 더 가치 있는 선택이 있을까요? 있다면 무엇일까요?
- 관계 속에서 문제에 부딪칠 때 "그럼에도 불구하고 주 안에서 사랑하기로 결정합니다"를 선언해 보십시오.

어떻게 말할까

우리의 입술의 주인,
언어의 주인이 누구인가?

말은 이중성을 가지고 있다. 말이 없다면, 서로 간의 의사소통이 불가능하다. 말 덕분에 관계가 이어진다. 사랑의 관계에 있어서 중요한 도구가 말이다. 하나님과 사귐을 가지는 기도의 핵심도 말에 있다. 사람들 사이에서도 말이 없이는 사귐에 한계를 느낄 수밖에 없다.

그렇다. 말은 참 감사한 도구이다. 말은 사랑의 역사를 쓰기 위해 만들어진 하나님의 도구다.

그러나 때때로 말은 답답하다. 말로는 담을 수 없는 마음도 있기 때문이다. 말은 귀한 소통의 도구이지만, 모든 것을 전달해 주지는 못한다. 때로는 오해를 불러일으킬 수도 있다. 그래서 잘 써야 한다.

하나님도 말씀하셨다. 하나님 자신을 우리에게 알리기 위해서 말씀하셨다. 그러나 말씀으로는 다 표현하지 못한 하나님의 여백도 있을 것이다. 하나님께도 말은 좋은 도구인 동시에 아쉬운 도구다. 그러나 분명한 것은 하나님께서도 말을 사용하셨다는 사실이다. 그러하기에 우리도 말을 통해 선한 열매를 맺기 위해 힘써야 한다.

말에는 일정 부분 장점과 단점이 있기 때문에 고민이 따른다. 말은 삶에서 필수적이지만, 자칫 잘못 전달되면 문제가 일어날 수 있다. 말을 통해 의사소통해야 하지만, 모든 것을 있는 그대로 전달할 수 없기에 때때로 오해가 불거진다.

설교자는 말을 하는 사람이다. 매일 새벽, 수요일, 금요일, 주일 오전과 오후, 꽤 많은 시간 말을 해야만 하는 사람이다. 설교자로 살다 보니 때로는 '아, 그때 그런 말은 안 했어야 했는데… 그 단어를 사용하지 않았어야 했는데…' 후회가 될 때가 있다. 말이 많으면 허물을 면하기 어렵다.

그러나 설교자만 그러할까? 아닐 것이다. 학교에서 말을 안 하고 살 수 있는가? 회사에서 말을 안 하고 살 수 있는가? 가정에서 말을 안 하고 살 수 있는가? 그럴 수 없다. 우리는 말을 해야만 하는 상황에 처해 있다. 그것도 꽤 자주 그리고 많이 그러하다. 아무리 과묵한 사람이라도 반드시 해야 하는 말들이 있고, 그 속에서 실수가 일어날 수도 있다.

그뿐만 아니라 한 번 뱉은 말은 주워 담지 못한다. 취소가 안 된다. 한 번 뱉은 말은 그것으로 끝이 나기 때문에 실수하고 나면 몇 날 며칠 생각이 나서 마음이 괴롭다.

언젠가는 말을 하지 않으려고 노력한 적이 있다. 침묵을 선포하고, 최대한 실수를 줄여 보리라 다짐한 적이 있다. 마치 침묵 수도사들처럼 말이다. 그러나 말에는 실수가 있을 수도 있지만, 선한 도구로 사용되기도 한다. 실수가 무서워서 무조건 안 하는 것이 능사가 아니다.

한 사람의 구원도 누군가의 전도의 말을 통해서 이루어진다. 실의와 좌절에 빠진 사람을 다시 일어나게 하는 것도 격려와 믿음의 말이다. 두 사람이 만나 사랑이 시작되는 것도 결국에는 사랑하는 감정을 표현하는 말에서 시작된다. 실수가 부담스러워 말을 안 할 수는 없다. 말이 주는 선한 열매가 있기 때문이다.

말은 우리의 삶에서 이토록 중요하다. 잘 사용하면 좋은 열매를 맺고, 나쁘게 사용하면 나쁜 열매를 맺고, 신중하지 못하게 사용하면 후회스러운 열매를 맺는다.

그렇다면 어떻게 해야 후회스러운 말을 줄이고, 말을 통해 선한 열매를 맺을 수 있을까? 어떻게 해야 말을 통해 사랑을 남기는 삶에 유익을 얻을 수 있을까?

누군가는 칭찬과 격려를 많이 하라고 한다. 맞는 말이다. 나도 칭찬과 격려를 들으면 힘이 난다. 실의에 빠져 있는 자에게 격려는 꿀처럼 달콤하다. 실패로 고민하는 자에게 칭찬과 격려는 사람을 일으키는 힘을 부여한다.

그런데 상황에 따라 칭찬과 격려보다 따끔한 권면과 질책이 필요한 경우가 있다. 성경을 보아도 선지자들이나 예수님이 칭찬과 격려만

하신 것은 아니었다. 이는 사도들도 마찬가지였다.

선지자들은 당대의 왕들에게 불편함을 주는 대상이었다. 다윗이 범죄했을 때 나단 선지자가 전한 이야기는 격려나 칭찬이 아니었다. 예수님은 때때로 무시무시한 독설을 쏟기도 하셨다. 사도들이 교회를 향해 외친 메시지 중에는 따끔한 질책도 있었다.

모든 상황 가운데 칭찬과 격려만 했다면 어떠했을까? 진정 칭찬과 격려로만 인생을 일으킬 수 있을까? 그것은 아니다.

성경을 보면 말에 어떤 획일적인 패턴을 적용하는 것은 무리가 있는 것처럼 보인다. 다양한 상황에 합당한 말이 존재하기 때문이다.

사랑의 역사를 남기는 말을 하기 위해 우선적으로 할 일이 있다. 먼저 우리의 언어의 주인이 누구인지를 다시금 상기해 보는 것이다. 우리의 입술의 주인, 언어의 주인이 누구인가? 바로 하나님이다.

내가 고등학교 때 처음 예수님을 영접하고 나서 과감히 버린 것이 있다. 바로 욕이다. 나는 문제를 일으키는 학생도 아니었고, 오히려 지극히 모범적인 고등학생이었다. 그러나 내 입에는 욕이 가득했다. 그 또래 남자아이들이 다 그렇듯이 전혀 나쁘다는 의식 없이 습관적으로 욕을 쓰며 살고 있었다.

그런데 내가 예수님을 영접하고 나서 깨닫게 된 것이 있었다. 나의 모든 것이 곧 하나님의 것이라는 점이었다.

문득 내 입술도 주님이 지으신 것인데, 이를 욕하는 데 사용해서는 안 되겠다는 생각이 들었다. 그때부터 욕을 버렸다. 그 후로 내 마음을 어떻게 표현해야 할지 모르는 당황스러운 상황도 벌어졌지만, 당시 나를 포함한 많은 고등학생이 얼마나 욕으로 자신을 표현하고 살았는지 깨달을 수 있었다. 나의 주인이 하나님이시라면, 나의 언어와 입술의 주인도 하나님이시다.

하나님이 나의 언어 생활의 주인이시라면, 하나님이 나를 통해 듣기 원하시는 말이 있을 것이다. 나를 향한 하나님의 계획은 내가 사랑의 역사를 남기는 삶을 사는 것이다. 그렇다면 하나님이 원하시는 말들은 그 역사에 도움이 될 것이 분명하다.

내가 임의대로 하는 말에는 아무리 잘하려고 해도 나의 욕심과 시기와 부족함이 포함될 수 있다. 그러나 하나님이 주도하고 이끄시는 말은 사랑의 역사의 한 부분이 될 것이다.

사모해야 할 것은 이것이다. 임의대로 하는 말이 아니라 성령님의 감화와 감동으로 하는 말이다. 내 말을 통해 하나님의 뜻이 이루어지기를 기대하는 마음이다.

이를 위한 영적 훈련은 하나님의 임재훈련이다. 이야기할 때에 하나님을 의식하며 이야기하는 것이다. 사람을 만나기 전에 '하나님이 하고자 하시는 말씀을 내 입에 두시옵소서'라고 기도하고 대화한다면, 그 대화가 이전과는 다를 것이다.

더불어 대화 중에 주님이 임재하고 계심을 의식하며, 나의 언어 생활이 주 안에서 이루어지길 사모해야 한다. 때로는 감사해야 하고, 때로는 격려해야 하고, 때로는 권면해야 하고, 때로는 따뜻해야 하고, 때로는 냉철해야 한다. 이 모든 언행이 주님의 감동 가운데 이루어지기를 훈련해야 한다.

내 안에 계시는 주님의 인격적 스피커가 되는 삶을 갈망한다면, 주님께서 우리를 선한 일에 사용하실 것이다. 또한 그분이 사용하시는 사람이라면 그 사용 흔적은 사랑의 흔적으로 이어질 것이다.

말…. 무턱대고 할 수도 없고 그렇다고 안 할 수도 없다. 말은 사랑의 역사를 남기는 데 핵심이 되는 요소 중 하나다. 그러하기에 하나님의 임재 속에 나의 언어를 내려놓아야 한다. 하나님이 이끄시는 언어로 사랑의 역사를 남기는 한 사람이 되기를 사모하며 기도해야 한다.

'주여, 나의 입술의 주인 되옵소서.'

- 나의 언어 생활은 주님과의 관계 안에서 진행되고 있나요?
- 언어 생활을 주의 임재 아래 두는 영적 훈련을 행하고 있나요? 일정 기간 동안 이 훈련을 해본 후에 경험과 결과를 적어 보십시오.

상처에서 싹이 난다

사랑으로 삶의 역사를 채우기 원한다면,
상처를 두려워하지 말아야 한다.
앞으로 나아가야 한다.

사람에게 상처받은 기억이 있다. 지나온 삶 가운데 이런저런 다양한 사람을 만나면서 관계 속에서 상처를 입을 때가 있었다. 나의 부주의함도 있었겠지만 상대방에게도 원인이 있을 것이다.

사람들의 생각과 성향이 다양하니까 그런 일이 있을 수 있다고 생각하기도 하지만, 믿었던 사람에게 받은 상처는 다르다. 그 상처는 쉽게 지워지지 않는다. 꽤 오랜 기간 충격에 휩싸이고, 시간이 가도 계속 생각이 난다.

사람을 만난 후 겪게 되는 이러한 아픔은 그 사람으로부터 받은 상처만으로 끝나지 않는다. 앞으로 만날 모든 사람에 대한 두려움이 생긴다. 이것이 더 큰 아픔이다. 그 한 사람으로 인해 다른 사람을 대할 때도 선입견이 생기는 것이다.

'이 사람도 이전 그 사람처럼 나에게 상처를 줄지도 모른다.'

'이 사람, 지금은 좋지만 뒤에 무언가를 숨기고 있을 수도 있다.'

그로 인해 모든 인간관계가 부담스러워진다. 사람을 만나는 것이 두려워진다. 결국에는 사람을 피하고 싶어진다.

연인을 깊이 사랑했지만 그 결과가 자신의 기대와는 달리 불행하게 끝나는 경우가 있다. 그들 중에는 또 다른 사람을 만나는 데 상당히 큰 어려움을 겪는 사람이 있을 수 있다. 그 이유는 새로운 사람을 만나도 이전의 그 사람과 똑같은 상처를 받을 수 있다는 의심이 내면에 새겨졌기 때문이다. 이것은 관계 가운데 상처가 또 다른 아픔으로 발전하는 경우이다.

또 하나, 사람을 의심하는 습관이 생기다 보면 누군가에게 쉽게 마음을 열지 못한다. 방어적 태도를 취하게 된다. 믿음과 신뢰를 주고 애정을 가졌다가 후에 뒤통수를 맞으면 더욱 아프기 때문이다.

그러다 보니 모든 인간관계에 피상적으로 임하게 된다. 선입견을 가지고 모든 사람을 대하다 보니 마음 문을 열기가 힘들고, 이것이 반복되니 진실하게 마음을 나눌 수 있는 관계를 맺기가 힘들어진다.

한국 교회가 특정 이단 때문에 몇 년간 힘든 시기를 겪었는데, 이는 그들의 방법이 참 악랄했기 때문이다. 그들은 관계를 깊이 맺어 놓고 배신하는 방법을 사용했다. 그로 인해 교회마다 씻을 수 없는 상처를 입었다. 그러한 상처를 입은 교회들은 새로 오는 사람들을 의심하게 되고, 열심 있는 사람들을 의심하게 되고, 모든 사람을 늘 예민하게 관찰해야만 했다. 교회는 주님을 찾아 나아오는 모든 사람을 환대함이 마땅한데, 관계의 상처들 때문에 경계심만 커졌다.

우리는 늘 누군가와의 관계 속에서 살아간다. 관계를 벗어나서 살아가는 사람은 없다. 늘 관계를 맺으며 살아가기에 그 안에서 상처를 받을 수 있다. 상처는 늘 우리에게 열려 있는 가능성이다. 늘 관계 속에서 살아가야 하는데 상처가 무서워서 내 마음도 제대로 못 열고 살아가고 있다면, 그 얼마나 괴로운 삶인가?

어떻게 해야 할까? 사람이 두려워진 이때에 어떻게 해야 할까? 이를 해결하기 위해 나도 여러 가지 방법을 생각해 보았다.

그중 하나는 오랜 기간을 두고 관계를 세워 나가려는 결심이었다. 사람을 대할 때 쉽게 다가가기보다는 오랜 기간 교제를 나눌 생각으로 관계를 맺자고 생각했다. 짧은 시간으로는 한 사람을 잘 알 수 없는 경우가 많이 있기 때문이다. 그런데 이것도 쉽지 않았다. 바쁜 일과 가운데 관계에 많은 시간을 할애하기에는 한계가 있고, 오랜 시간이 그 사람의 진실을 반드시 보장하는 것도 아니었기 때문이다.

또 하나는 그 사람의 장점만 보고 교제하지 말자였다. 사람은 상대방의 장점에 매력을 느낀다. 장점에 집중하여 그 사람을 세워 주는 것은 귀한 일이지만, 모든 사람에게는 연약함과 단점이 있다. 나는 상대의 장단점을 다 보고 나서 그 사람과 가까워지려 했다. 그 사람의 단점이 내가 수용할 수 있는 분량인지를 보고 만나려고 했다. 그러나 이도 어려움이 있었다. 같이 살지 않는 한 단점이 잘 보이지 않았다.

생각하면 할수록 사람 사이에서는 해결이 안 되는 일이었다. 사람의 마음을 알아차릴 수가 없는데 어떻게 사람을 분별할 수 있는가? 열 길 물속은 알아도 한 길 사람 속을 몰라서 괴로워하는데, 어떻게 능히 분별할 수 있는가?

나는 결론 내렸다. 속임이 없으신 하나님께 인생을 의탁하는 것이 제일 지혜로운 일이라고. 악을 선으로 바꾸시고, 모든 일을 합력하여 선이 되게 하시는 하나님의 능력을 신뢰하기로 했다. 그리고 마음으로 결정했다. 누군가에게 상처받아 괴로움이 다가올지라도, 새로운 사람에게는 선입견을 배제하고 존중하며 존귀히 여기자. 호의를 순수하게 받아들이고 진실하게 대하자. 이것이 나의 결심이었다.

그냥 혼자 살면 되지 무엇 때문에 그렇게까지 애쓰며 사람들을 만나야 하냐고 묻는 사람들도 있다. 그 이유는 간단하다. 모든 사람이 이전에 만났던 사람처럼 나쁜 사람은 아니기 때문이다. 이 세상에는 좋은 사람도 많다. 귀한 하나님의 사람도 많다. 이전의 그 사람에 대한 상처 때문에 좋은 사람을 만날 기회를 놓친다는 것은 안타까운 일 아닐까? 한 사람으로 인해 상처를 받았다는 것은 애석한 일이다. 그러나 그 사람 때문에 좋은 사람들을 만날 수 있는 기회를 놓치는 것은 더 애석한 일이다.

상처는 언제 치유되는가? 정말 좋은 사람을 만나면 치유된다. 치유하기 위해서라도 새로운 사람을 만나야 한다.

전도를 하면서 제일 안타까운 경우는 교회 다니는 사람에게 상처를 입은 사람들의 냉담한 반응을 보았을 때다. 그들은 내가 전한 복음을 듣고 난 끝에 이렇게 말한다.

"그래도 안 나가요."

나는 궁금했다. 그 이유가 무엇일까?

"교회 사람들에게 받은 상처가 있어요."

이런 이야기를 들으면 나는 꼭 이 말을 전한다.

"아, 네. 그러셨군요. 저도 예수님을 따르는 사람으로서 먼저 사과드립니다. 죄송합니다. 그 사람한테 상처를 입은 것은 정말 안타까운 일입니다. 하지만 그 사람들 때문에 예수님을 알지 못한 채 살아간다면, 그것은 더 안타까운 일일 것입니다. 예수님을 알고 그분과 교제하기 시작하면 그 상처도 해결될 것입니다. 예수님 안에서 살아가는 진실하고 사랑이 넘치는 그리스도인이 많이 계십니다. 다시 한 번 생각해 보시기 바랍니다."

이 이야기가 끝나면 소수의 사람들은 끄덕거림도 없이 굳게 입을 다물었지만, 대다수는 잠시 생각에 잠겼다. 내가 그 사람 때문에 예수님을 떠나는 것이 과연 옳은 일인지 고민했을 것이다.

상처 때문에 새로운 일 자체를 두려워함은 안타까운 일이다. 그동안의 상처에도 불구하고 하나님의 일하심을 기대하며 새로운 도전을 해나가는 것이 하나님의 사람들이 취해야 할 삶의 태도다.

우리가 마주한, 혹은 앞으로 마주할 상처는 내면뿐만 아니라 삶의 터전에도 영향을 줄 만큼 피해가 클 수 있다. 어쩌면 휘청거릴 수도 있을 것이다. 그럼에도 상처 때문에 앞으로 맺게 될 진실한 인간관계까지 오염되어서는 안 되지 않을까? 그것은 더 큰 손해이지 않을까?

살면서 진심으로 대한 사람들에게 예상치 못한 반응을 몇 번 경험하고도 또 누군가를 믿으며 만난다는 것이 어리석게 여겨질 수도 있다. 그러나 이는 어리석음이 아니라 용기다. 손해를 보더라도 진실한 관계의 가능성을 미리부터 포기하고 싶지 않은 갈망이고, 새로운 사람에 대한 최소한의 예의이고, 무엇보다도 나의 삶의 주인 되시는 하나님에 대한 신뢰이다.

사랑으로 삶의 역사를 채우기 원한다면, 상처받는 것을 두려워하지 말아야 한다. 앞으로 나아가야 한다. 새로운 사람들을 만나고 관계를 맺고 섬겨야 한다. 그 속에서 상처의 역사들뿐만 아니라 사랑의 역사들이 새겨질 것이기 때문이다.

영원을 위한 한 걸음

- 새로운 만남을 두렵게 만드는 과거의 상처가 있나요?
- 새로운 만남을 통해 과거의 상처가 치유된 경험이 있나요?
- 상처받지 않는 삶과 하나님이 예비하신 사람을 만남으로 누리는 기쁨 중에 무엇을 추구하는 것이 좋을까요? 그 이유는 무엇인가요?

기다림이 사랑이다

기다림은 하나님이 나를 변화시키는 시간이다.
기다림은 버려지는 시간이 아니다.

목회를 하면서 받는 유혹들이 있다. 그중 하나는 특정 프로그램을 진행하면 단기간에 사람들을 변화시킬 수 있다는 제안이다. 그래서 다양한 프로그램을 나 자신이 먼저 체험해 보았고, 사람들과 함께 나누어 보기도 했다. 물론 짧은 시간 동안 많은 성경 말씀을 배우고 새로운 삶의 습관을 장착하면 일시적으로 삶이 변화된 것처럼 보일 수 있다. 그러나 돌아보면 진정한 변화는 그렇게 쉽게 이루어지는 것이 아님을 알 수 있었다.

사람은 인격적 존재다. 인스턴트 음식처럼 정확한 공식에 따라서 찍혀 나오지 않는다. 만약 그런 식으로 사람들을 만들어 낼 수 있다면, 예수님께서 굳이 3년 동안 제자들과 함께 지내지 않으셔도 되었을 것이다. 12주 동안 일주일에 두 시간씩 '갈릴리 제자학교'라는 프로그램을 진행했으면 될 일이었다.

주의 형상을 닮아 가는 데는 오랜 시간이 걸림을 알면서도, 늘 빨리 변화된 모습을 보고 싶은 마음이 있다. 그러나 선한 기대감이라 하더라도 조급함은 독이 된다. 변화를 갈망하면서도 좀처럼 변화되지 않는 사람들의 모습을 보면 답답하고 심지어는 화도 난다.

'왜 저 사람의 성품은 저리도 변하지 않을까? 왜 저 사람은 딱 저기서 멈출까?' 하는 고민들을 수도 없이 하게 된다. 그리고 그것이 심해지면 미움으로 번지기도 한다. 정말 안타까운 일이다.

그러나 가만히 생각해 보면 나 역시 조금이나마 주를 닮아 가는 데 오랜 시간이 걸렸음을 깨닫는다. 그렇게 오래도록 노력을 기울였음에도 여전히 내 안에는 주님과 반대되는 모습들이 남아 있다. 신학교에 입학하면서 일반적인 성도들보다 더 하나님을 배우는 데 몰입하며 많은 시간을 사용했음에도 말이다. 그랬으면서도 다른 사람을 향해서는 좀더 빨리 변화되기를, 몇 주 만에 새사람이 되기를 기대하고 있으니 참 우스운 일이다.

변화에 오랜 시간이 걸리는 이유는 우리가 사람이기 때문이다. 지성과 감정과 의지를 가진 사람이기 때문이다. 지적으로 충분히 하나님을 알아야 하고, 지적 앎과 동시에 체험적 앎도 있어야 한다. 이로써 주님을 사랑하는 감정이 내면에 심겨야 한다.

처음에는 불꽃같을 수도 있다. 그래서 다 끝난 줄 안다. 그러나 시간이 지나도 변치 않는 신실함을 목표로 삼는다면 충분한 시간이 필요하다. 의지적으로 주님께 순종하기 위해서는 철저한 자기 포기와 주를 향한 신뢰가 필요하다. 이러한 일을 몇 주 안에 끝낸다는 것은 말이 안 된다. 하나의 프로그램을 수료함으로, 조금 더해서 몇 단계의 프로그램을 수료함으로 영적 성숙이 이루어진다는 것이 가능할까?

영적 변화는 기계에 들어갔다 나오면 완성되어 있는 제조품처럼 뚝딱 만들어지는 것이 아니다. 오랜 기간 험난한 여정을 통해서 이루어지고 다듬어지고 세워지는 것이다. 그렇기 때문에 양육자의 제1조건은 기다림이다.

사랑은 사람을 기대하게 한다. 사랑하는 대상의 최고의 모습을 꿈꾼다. 그러다 보니 마음이 급해진다. 그러나 기다려야 한다. 사랑은 기다림 속에서 한 사람의 변화를 지지하고, 이를 위해 섬기는 것이기 때문이다. 하나님께서 기다림을 허락하시는 이유는 기다리는 우리를 위해서이기도 하다. 내가 누군가의 영적 성장을 오랫동안 기다리는 그 과정 가운데 성숙을 체험한다.

기다림의 시간을 통해 나의 조급함을 발견한다. 하나님의 때를 기다리지 못하는 나의 성급함을 발견한다. 기다림의 때를 거치는 가운데 나의 때를 내려놓고 하나님의 때를 기다리는 믿음이 생겨난다. 이 시간이 아니라면 나는 이 내려놓음을 언제 배울 수 있었을까?

기다림의 시간을 거치는 가운데 하나님을 의지하는 법을 배운다. 어떤 공식에 의해서 사람이 영적 변화를 경험한다면, 하나님보다 그 공식을 더욱 의지할지도 모르겠다. 그러나 사람의 변화는 하나님의 은총이다. 이를 위해 하나님만을 더욱 의지하게 된다.

한 사람의 성숙을 기다림으로써 나를 기다리시는 하나님의 마음을 알게 된다. 그 마음을 깨닫게 되면 허탄한 것에 대한 마음을 버리고 주님이 기뻐하시는 일에 더욱 헌신하게 된다. 주님의 마음을 배웠기 때문이다.

기다림은 하나님이 나를 변화시키는 시간이다. 기다림은 버려지는 시간이 아니다. 하나님께서 우리에게 기다림을 주시는 또 다른 이유는 기쁨 때문이다. 아이를 임신한 뒤 한 달 만에 아이가 태어난다면 산모로서는 편할 것이다. 그러나 10개월을 복중에 품고 있다가 만났을 때보다는 분명 기쁨이 덜할 것이다. 10개월이란 시간 동안 입덧을 하며 아이의 성향을 알아보기도 하고, 어떻게 생겼을지 상상도 하고, 부풀어 오른 배 때문에 잠도 못 자고 뒤척이는 온갖 고생을 한 뒤 비로소 때가 되어 아이를 만나는 순간, 그것도 죽다 살아나는 고생 끝에 만나게 된 순간 느끼게 될 그 기쁨은 이루 말할 수 없다.

기다림은 하나님이 우리에게 기쁨을 허락하시기 위한 방편이다. 예수님을 영접하자마자 바로 하늘로 들림을 받는다면 기분이 어떨까? 그에 반해 예수님을 구주로 영접한 뒤 죄가 만연한 세상에서 자기 안의 죄성을 물리치기 위해 분투하며 자신의 성장과 사명을 위해 헌신하다가 때가 되어 주의 영원한 사랑의 품에 거하게 된다면 어떨까? 동일하게 주의 품에 왔지만 그 기쁨의 정도는 다를 것이다.

하나님께서 우리의 삶에 기다림을 허락하시는 이유 중 하나는 커다란 기쁨을 선물로 주기 위함이다. 커다란 기쁨은 반드시 기다림이라는 대가를 치러야 다가온다.

한 사람을 사랑하는 일은 오래 참고 기다려 주는 일이다. 그 사람이 주의 형상으로 세워지기까지 함께하며 인내함으로 기다리는 것이다. 기다림 가운데 기쁨과 슬픔도 함께 맛보고, 흥함과 쇠함도 함께 맛보며, 그 모든 과정을 주님과 동행하는 것이다. 그것이 사랑이다.

우리를 향한 예수님의 사랑이 그러했다. 예수님의 사랑은 기다려 주는 사랑이다.

사랑은 오래 참고(고전 13:4).

고린도전서에서 말하는 사랑. 그 사랑의 첫 번째 속성이 기다림이다. 기다려 줄 수 있는 마음, 그것이 사랑이다.

조급함을 가진 사람의 성향상 기다림은 쉽지 않다. 게다가 오늘날과 같은 속도의 시대에 말이다. 게다가 우리가 살고 있는 나라는 '빨리빨리'의 대명사 한국 아니던가.

어떻게 하면 기다리는 사랑으로 우리의 삶을 채울 수 있을까?

첫째, 주님과 친밀하게 교제해야 한다. 기다릴 수 있는 능력은 나의 능력이 아니라 나를 붙잡으시는 하나님의 능력이다. 나를 붙잡고 "조금만 더"를 외치시는 하나님 덕분이다. 나도 너를 엄청나게 기다려 주셨다고 말씀하시는 하나님 덕분이다. 기다리는 사랑을 가능케 하는 힘은 하나님과 친밀한 관계로부터 나온다. 그분과의 친밀한 관계 속에서 우리는 기다리는 사랑을 배우고 행하게 될 것이다.

둘째, 친밀함 속에 주님이 이루시는 일을 바라보아야 한다. 기다림 가운데 주어지는 선물은 성장의 모습이다. 주님이 한 영혼 가운데 행하시는 모습을 바라볼 때, 소소한 기쁨이 내면에 가득 차게 된다. 아이가 걷는 것을 기다리는 중에 앉는 것을 보는 기쁨, 기어 다니는 것을 보는 기쁨, 일어나려다 철퍼덕 주저앉는 모습을 보는 기쁨이 있는 것과 마찬가지다. 한 영혼을 향해 주님이 하시는 일을 보게 하시고, 그러하기에 여기까지 인도하신 하나님이 앞으로도 인도하실 것임을 신뢰하게 하신다.

사랑만 남기는 삶을 살길 원하는가? 기다림에 익숙해져야 한다. 한 사람이 성장하고 세워질 것을 바라보며 기다림 가운데 함께 거하여야 한다. 기다림의 터널을 거칠 때, 주님과 함께 그리고 사람들과 함께 사랑을 남기는 삶이 채워질 것이다.

영원을 위한 한 걸음

- 나는 사람들의 변화를 기다리는 사람인가요? 쉬이 포기하는 사람인가요? 쉬이 포기했다면 왜 그렇게 선택해 왔나요?
- 기다림의 장애물들을 어떻게 극복할 수 있을까요?
- 나의 기다림의 영역 속에 있는 사람들을 떠올려 보며 기도하시기 바랍니다.

사랑하는 법을 배웠느냐?

우리에게 주어진 시간은 길지 않다.
짧은 시간이기에 사랑만 채워도 아쉬움이 남을 것이다.

주변을 한번 돌아보라. 그리고 지나온 길을 한번 추억해 보라. 얼마나 다양한 사람이 당신 곁을 지나갔는가?

그 가운데는 긍정적인 사람도 있고, 부정적인 사람도 있을 것이다. 일을 잘하는 사람도 있고, 관계를 잘 맺는 사람도 있을 것이다. 계획을 잘 세우는 사람도 있고, 실행을 잘하는 사람도 있을 것이다. 좋은 면을 먼저 보고 격려하는 사람도 있고, 위험 요소를 먼저 헤아리고 대비하려는 사람도 있을 것이다.

그뿐만 아니라 잘 토라지는 사람, 이기적인 사람, 쉽게 시기하는 사람, 뒷담화를 잘하는 사람, 말을 잘 옮기는 사람, 뭐든지 쉽게 싫증 내는 사람, 지나치게 염려가 많은 사람도 있을 것이다.

그렇다. 정말 다양한 사람이 당신 곁을 지나갔다.

언젠가 나는 그런 생각을 해보았다.

'이렇게 다양한 사람을 내 삶에 두신 하나님의 뜻이 무엇일까?'

나의 삶의 여정에도 정말 다양한 사람이 지나갔다. 그중에는 나와 정말 잘 맞는 사람도 있고, 다시는 기억하고 싶지 않은 사람도 있다. 그러나 그들은 다 하나님의 섭리 가운데 내 곁에 있었던 사람들이다. 이에 분명히 하나님의 뜻이 있지 않았겠는가? 그 뜻은 무엇이었을까?

당시에는 몰랐다. 아마 할머니와의 이별을 겪지 않았더라면 영영 몰랐을 것이다. 잘 맞는 사람에 대해서는 하나님이 주신 선물이라고 생각했을 것이고, 잘 맞지 않는 사람들에 대해서는 뒤에서 욕하고 원망하며 멀리했을지도 모를 일이다.

그러나 할머니와의 이별을 계기로 삶과 죽음을 다시 생각해 보며, 하나님께서 내 곁에 다양한 사람을 두신 이유를 알게 되었다.

이 문제를 두고 기도할 때, 하나님께서 내게 세미한 음성으로 말씀하셨다.

'너는 다양한 사람과의 만남 속에서 사랑하는 법을 배웠느냐?'

당혹스러운 질문이었다. 나는 나와 잘 맞지 않는 사람들을 사랑해 보려는 생각을 하지 않았기 때문이다. 그러나 하나님이 그들을 나에게 붙여 주신 이유는 사랑하는 법을 가르쳐 주시기 위함이었다.

지나간 사람들이 떠올랐다. 온갖 거짓으로 나를 대했던 사람, 내가 한 말을 바꿔 가며 타인에게 말을 옮겨 댔던 사람, 지나치게 소극적이고 모든 일을 부정적으로 바라봤던 사람, 무례하고 상대방에 대한 배려를 모르던 사람…. 하나같이 나의 삶에 나타나지 않았으면 좋았을 사람들이라고 생각했다. 그런데 하나님은 그들을 나에게 붙여 주신 이유가 있었다고 말씀하신다.

'너는 사랑하는 법을 배웠느냐?'

그들은 내가 사랑하는 법을 배우도록 하나님이 붙여 주신 사람들이었다.

하나님은 왜 이 땅에서 사랑하는 법을 배우라고 하실까? 하나님이 우리를 위해 예비하신 나라가 사랑의 나라이기 때문이다. 사랑의 나라에 적합한 사람이 되기 위해서는 이 땅에서 사랑을 배워야 하지 않겠는가? 이 세상에서 우리가 주님 오심을 기다리며 행해야 할 일이 있다면, 바로 사랑하는 법을 배우는 일이다.

내가 오늘 밤에 나이트클럽에 들어가면 어떨까? 그곳이 내 집 안방처럼 편안함을 주고, 그동안 찾지 못했던 고향을 찾은 것과 같은 안락함을 줄 것인가? 내가 제대로 된 사역자라면 아마 불편할 것이다. 그러한 분위기에 적응하기 힘들 것이다.

만약 우리가 이 땅에서 사랑하는 법을 배워 가지 못한다면, 천국에 들어갔을 때 어떠한 느낌이 들까? 내가 나이트클럽에 들어갔을 때 느낄 마음과 동일할 것이다. 내가 있어야 할 곳이 아닌 것 같다는 느낌 말이다.

하나님의 사람은 예배가 익숙한 사람이다. 예배의 자리에 서면 내가 있어야 할 곳에 온 기분이 들어야 마땅하다. 하나님을 높이고 그분의 음성이 선포되는 자리. 기도가 있고 하나님에 대한 묵상이 있는 자리. 바로 그곳이 하나님의 사람이 서 있어야 할 자리이다. 이 땅에서 하나님과 친밀함을 쌓아야 하는 이유는 그것이 천국에서 행해질 삶이기 때문이다.

이 땅에서 하나님의 꿈을 꾸며 하나님의 사명을 수행하는 자. 그 사람은 천국에 갔을 때 당황하지 않을 것이다. 그가 천국에서 하나님의 일을 맡아서 행할 일을 이 땅에서부터 행해 왔기 때문이다.

사랑도 마찬가지다. 이 땅에서 성도가 서 있어야 할 자리는 사랑의 자리이다. 사랑하고 사랑받는 자리이다. 다양한 사람을 통해 사랑하는 방법을 익힌 사람은 천국에 가서도 어색하지 않을 것이다. 그곳은 사랑의 나라이기 때문이다. 그러나 이 땅에서 사랑하는 법을 익히지 못한 사람은 그곳이 어색할 것이다. 불편하고 적응이 잘 되지 않을 것이다. 이 땅에서 영원을 준비하는 가장 좋은 방법은 사랑하는 법을 배우는 것이다.

우리가 이 세상에서의 정해진 시간을 다 마치고 나면, 주님 앞에 서게 될 것이다. 그때 주님은 우리에게 세 가지를 물을 것이다.

"나를 따랐는가?"

"내가 맡긴 일을 감당했는가?"

"사랑하는 법을 배웠는가?"

이 세 가지 질문에 우리는 어떻게 대답할 수 있을까?

하나님께서 영원하지 않은 이 세상에 우리를 두신 이유는 영원한 세상에서 살 준비를 하게 하기 위함이다. 영원한 하나님의 나라에 적합한 사람으로 우리를 성장시키기 위함이다.

나는 그제야 예상치 못한 다양한 사람을 만나게 하신 이유를 알 수 있었다. 다양한 사람을 사랑하는 법을 배워 오라고 한 것이었다. 천국에서 만나게 될 다양한 사람을 사랑하는 법을 배우려고 노력할 때, 우리는 천국에 어울리는 사람이 될 것이다. 그뿐만 아니라 사랑하는 법을 배워 갈수록 우리는 비록 제한된 부분이긴 하지만, 천국의 맛이 무엇인지 알게 될 것이다.

사랑에 익숙지 않은, 자기 이기심으로 가득 차 있던 영혼을 예수님이 불러 주셔서 사랑하라고 명하신 이유. 예수님과 사도들이 그토록 사랑하라고 명하신 이유. 영원한 하나님의 나라에 합당한 사람으로 거듭나게 하기 위함이었다.

삶에서 만나는 다양한 사람을 통해 사랑하는 법을 배워야 한다. 우리에게 주어진 시간은 길지 않다. 짧은 시간이기에 사랑만 채워도 아쉬움이 남을 것이다. 그런데 그 시간에 사랑하는 법을 배우지 않고 헛된 일에 세월을 허송한다면 얼마나 후회스러울까?

나의 삶을 가장 가치 있게 만드는 길은 이 땅에서 사랑하는 법을 배우는 것이다. 그리고 그 사랑을 행하는 것이다.

'사랑하는 법을 배웠느냐?'

주님과 대면하여 받을 이 질문 앞에 우리가 '네, 주님. 이 세상 여정 속에서 사랑하는 법을 배웠습니다. 저를 사랑하신 주님의 사랑을 저도 조금이나마 맛보고 행할 수 있었습니다'라고 대답할 수 있다면, 그 인생은 가치 있다고 말할 수 있을 것이다.

생의 마지막 날에는 삶의 역사만 남는다. 나는 어떠한 역사를 남겼고, 어떠한 역사를 남기고 있으며, 어떠한 역사를 남길 것인가?

하나님께서는 십자가 안에서 새로운 삶의 길을 열어 주셨다. 그 삶 속에 하나님과의 동행의 역사, 하나님의 꿈을 꾸는 역사, 하나님을 닮은 사랑의 역사를 남기는 귀한 하나님의 사람으로 살아가기를!

영원을 위한 한 걸음

- 나의 주변인들을 떠올려 보십시오. 하나님께서 그들을 나의 곁에 두신 이유를 묵상해 보십시오. 사랑법을 배우기 위해서임을 받아들일 수 있나요? 어렵다면 그 이유는 무엇인가요?
- 지금 예수님께서 "너는 그동안 사랑하는 법을 배웠느냐"고 물으신다면 무어라고 대답할 수 있을까요?
- 앞으로 남길 사랑의 삶을 기대하는 마음으로 잠시 침묵하며 주님께 사랑의 영을 구하고 사랑의 사람으로 살아가기를 결단해 보시기 바랍니다.

에필로그

"나, 정 목사 때문에 전도하기 시작한 거야."

지하철역으로 들어가는 입구에서 홀로 노방전도를 한 적이 있었다. 전도지를 받아 읽어 보는 사람도 있었고, 힘내라며 격려하는 분도 있었다. 그러나 받자마자 버리는 사람도 있었고, 매몰차게 거절하는 사람도 있었다.

1년 동안 시간을 정하여 그 자리를 지켰다. 안타깝게도 그곳에서 나누어 준 전도지를 보고 교회에 나온 사람은 없었다. 물론 그것만을 위해 전도한 것은 아니었다. 하나님의 말씀을 맡은 자로서 내가 마땅히 감당해야만 하는 몫이라고 생각하며 시작한 일이었다.

그러나 1년이 지날 즈음 나는 회의에 빠졌다.

"그렇게 해봐야 무슨 열매가 있느냐?"

누군가 지나가면서 던진 말 한마디가 계기가 되었다. 그 이야기가 가슴에 박혀 전도하는 일이 밑 빠진 독에 물을 붓는 일 같이 느껴졌다. 결국 나는 그 일을 중단하고 말았다. 처절한 무기력감에 몸서리를 쳤다. 내가 무능해서 그렇다며 자책하기도 했다. 시간과 열정을 드렸는데, 그저 헛수고를 한 것 같았다.

무엇보다 하나님께서 침묵하시는 것 같아 견딜 수가 없었다. 성경을 보면, 나의 부족함을 문제 삼을 하나님이 아니시지 않은가? 갈대 상자에 담겨 강물에 떠내려가던 모세도 구원해 주신 하나님 아니신가. 갈릴리 어부를 들어 쓰시는 하나님 아니신가. 그런데 하나님께서 아무 일도 하지 않으셨다는 사실에 마음이 답답했다.

그로부터 1년 정도 지났을까. 같은 지역의 목사님들과 식사를 하고, 함께 모여서 이야기를 나누는 중이었다. 그때 어느 목사님께서 본인이 최근에 전도한 이야기를 나누어 주셨다. 감동을 받으며 듣고 있던 나는 별안간 생각지 못했던 말을 듣게 되었다.

"나, 정 목사 때문에 전도하기 시작한 거야."

처음에는 무슨 이야기인가 했다. 내용인즉 다음과 같았다. 내가 홀로 전도할 때에 지역 인근 교회의 사모님 한 분을 만나서 인사를 한 적이 있었다. 그 후 그 사모님께서 다른 모임에 가서 전도하던 나를 만난 이야기를 하셨단다. 그 모임에 참석했던 그 목사님께서 전도 이야기를 전해 듣고는 도전을 받아 전도를 시작했다고 말씀해 주셨다.

다른 사람들에게는 "그렇게 된 일이었구나. 그랬구나…" 하고 말았을 이야기였겠으나, 나는 그 이야기를 듣고 집으로 돌아오는 길에 남몰래 울었다. 한참을 울었다.

나는 하나님이 침묵하셨다고, 내가 헛수고를 한 것 같다고 툴툴거리며 불평을 쏟아 냈었다. 그런데 아니었다. 나의 1년은 하나님 앞에 남겨져 있었고, 하나님은 그 일을 통해 또 다른 일을 진행하고 계셨다.

'하나님은 일하고 계셨구나. 하나님 앞에 쌓은 나의 삶은 사라진 것이 아니었구나. 하나님께서 보고 계셨고, 마음에 두고 계셨고, 적절한 때에 사용하셨구나.'

이 세상에서 우리는 하나님의 섭리의 손길을 다 헤아리지 못한다. 그러나 분명한 것이 있다. 하나님께서는 우리를 사랑하신다는 점이다. 그래서 우리의 '삶의 역사'를 통해 섭리하신다는 점이다. 그 삶이 완벽하지 못해도, 부족함이 있어도, 하나님의 뜻대로 살고자 성령 안에서 분투하는 이의 삶을 사용하여 선을 이루신다는 점이다.

우리가 영원의 빛 안에서 오늘을 바라보며 쌓아 가는 삶의 역사는 하나님 앞에 남는다. 하나님께서는 그 역사들을 기억하시며 이 땅에서 사용하기도 하시고, 영원의 세계에서 상을 주기도 하신다. 영원의 하나님을 따르는 인생에게 헛수고란 없다.

오늘 하나님의 뜻을 따라 분투하며 쌓아 가는 삶은 사라지지 않는다. 하나님의 마음 판에 남아서, 이 땅에서뿐만 아니라 영원의 삶에까지 영향을 끼칠 것이다.

성령 안에서 하나님의 마음을 품고 하나님의 뜻을 따라가기 위해 분투하는 삶을 응원한다.

영원 앞에 남을 순례의 삶을 함께 걸어가자.

2016년 12월

오늘을 남기다

Spirituality Lesson for
the Day Before Eternity

2017. 1. 9. 초판 1쇄 인쇄
2017. 1. 16. 초판 1쇄 발행

지은이 정승환
펴낸이 정애주
국효숙 김기민 김의연 김준표 김진원 박세정
송승호 오민택 오형탁 윤진숙 이한별 임승철
임진아 정성혜 조주영 차길환 한미영 허은
펴낸곳 주식회사 홍성사
등록번호 제1-499호 1977. 8. 1.
주소 (04084) 서울시 마포구 양화진4길 3
전화 02) 333-5161
팩스 02) 333-5165
홈페이지 www.hsbooks.com
이메일 hsbooks@hsbooks.com
페이스북 facebook.com/hongsungsa
양화진책방 02) 333-5163

ⓒ 정승환, 2017

ISBN 978-89-365-1213-2 (03230)